rowohlt
BERLIN

Lothar Kettenacker (Hg.)

Ein Volk von Opfern?

Die neue Debatte um den Bombenkrieg 1940–45

Rowohlt · Berlin

1. Auflage März 2003

Umschlaggestaltung any.way, Walter Hellmann
Umschlagfoto: Bomben über Bremen, 1943, USAAF/AP
Satz aus der Aldus PostScript PageMaker
bei Pinkuin Satz und Datentechnik, Berlin
Druck und Bindung Clausen & Bosse, Leck
Printed in Germany
ISBN 3 87134 482 6

Inhaltsverzeichnis

Vorwort des Herausgebers

In einem Fernseh-Plebiszit wurde Winston Churchill von seinen Landsleuten jüngst zum «Greatest Briton» gekürt, gefolgt von Isambard Brunel, dem viktorianischen Brückenbauer, und, man hält es kaum für möglich – Prinzessin Diana. Churchill nicht als Sieger über Nazi Germany, 1945 wurde er schließlich abgewählt, sondern als Verkörperung des Nationalbewusstseins, als John Bull, der nicht gewillt war, das Empire aus den Händen eines kontinentalen Diktators als Lehen zurückzuerhalten: Ehre, wem Ehre gebührt.

Und jetzt wird dieser Nationalheld ausgerechnet von einem deutschen Autor als «Brandstifter» an den Pranger gestellt. So jedenfalls sieht es die englische Presse. Gemeint sind Jörg Friedrich und sein Buch «Der Brand. Deutschland im Bombenkrieg», die drastische Schilderung der Folgen des alliierten Bombardements für die deutsche Zivilbevölkerung. Man nimmt Anstoß vor allem an dem Teilabdruck in der *Bild*-Zeitung. Das ist aus britischer Sicht der eigentliche Skandal: Dem nachgeborenen Durchschnittsdeutschen wird beim Frühstück das von der Feuer speienden Royal Air Force verbreitete Entsetzen in aller Anschaulichkeit aufgetischt. Die Rezensenten beschleicht der Verdacht, dass sich die vereinigten Deutschen wieder als Leidtragende des von ihnen angezettelten Weltkrieges sehen, so wie man das als Besatzungsmacht nach 1945 schon einmal erlebt hatte. Haben sie etwa nichts dazugelernt? Können sie womöglich nicht der Versuchung widerstehen, die Verbrechen Hitlers relativieren zu wollen? Ein Volk von Opfern?

In Deutschland hat das Buch von Jörg Friedrich ebenfalls eine Debatte ausgelöst. Die Deutschen auch als Opfer des Weltkrieges: diese neue Perspektive wurde schon mit dem Erscheinen von Günter Grass' «Krebsgang» und der darauf folgenden Diskussion um das Leid der Vertriebenen zum öffentlichen Thema. Dass das Höllenfeuer des Bombenkrieges jahrzehntelang aus dem öffentlichen Bewusstsein verbannt wurde, daran zweifeln die wenigsten. Jede Beschäftigung mit diesem düsteren Kapitel deutscher Geschichte außerhalb der Umfriedungen einer Stadtchronik stand unter Generalverdacht – als wollte man damit die Ursache allen Unheils infrage stellen oder auch nur relativieren: Hitlers Wille zum Krieg, zum halbkonventionellen Krieg im Westen und zum Vernichtungskrieg im Osten.

In den hier abgedruckten Texten treten diese Bedenken wieder zutage. So beschreibt der allererste Beitrag den bislang wenig beachteten Angriff deutscher Stukas im Morgengrauen des 1. September 1939 auf eine polnische Kleinstadt, die ohne militärische Bedeutung war. Aber ist damit auch schon gesagt, dass dem Krieg zwischen Demokratie und Diktatur selbstverständlich die Moral des Alten Testaments zugrunde liegt?

Das vorliegende Buch versucht, die neue Debatte um den Bombenkrieg, die in England wie in Deutschland stattfindet, erstmals zu dokumentieren. Die meisten Beiträge, vor allem im zweiten und dritten Teil, nehmen dabei direkt oder indirekt auf die von Jörg Friedrich angestoßenen Fragen Bezug. Einige Kritiker bemängeln, er sei in seiner Darstellung des Bombenkrieges zu wenig auf den historischen Kontext eingegangen. Daher soll der erste Teil hier notwendige Ergänzungen liefern. Seine Beiträge beschäftigen sich mit den strategischen und politischen Voraussetzungen des Bombenkrieges im alliierten Lager sowie den Reaktionen der Heimatfront auf beiden Seiten. Der zweite Teil bietet das große Spektrum der Debatte, die Friedrichs Buch in Deutschland ausgelöst hat. Der abschließende Teil zeigt verschiedene Reaktionen von britischen Autoren auf die Debatte.

Die Deutschen mögen als Erste die Hemmschwelle überschritten haben, aber die westlichen Alliierten hatten schon vorher aus dem «totalen Krieg» der Zukunft die strategischen Konsequenzen gezogen – der renommierte britische Historiker Richard Overy beschreibt daher zunächst die Evolution dieser Strategie und ihre konsequente Anwendung im Krieg. Der Herausgeber setzt sich dann mit der fatalen Lage Churchills auseinander, der sich im Sommer 1940 wie David einem Goliath gegenübersieht. Die nachfolgenden Texte beschäftigen sich mit der öffentlichen Meinung und der Reaktion der betroffenen Bevölkerung in beiden Ländern. Während Mark Connelly die Vermittlung des Bombenkrieges durch die britischen Medien betrachtet, geht Nicholas Stargardt auf die Reaktion der deutschen Zivilbevölkerung ein, die, wie er meint, von Friedrich zu wenig berücksichtigt werde. Goebbels' Stilisierung des Bombenkrieges als «Kriegserklärung des Weltjudentums» sei durchaus erfolgreich gewesen.

Die deutschen Beiträge sind allesamt Auseinandersetzungen mit Friedrichs provozierendem Buch. Cora Stephan spricht von diesem Werk als einem «Totengesang auf die verlorene Vergangenheit», Martin Walser führt den Erfolg des Buches auf das «Eposhafte» zurück. Peter Wapnewski steuert als Zeitzeuge eigene Erinnerungen bei, als Verwundeter in der Heimat, der die «Tortur der Stunden im Luftschutzkeller» als noch unerträglicher empfand als den Fronteinsatz und sich gleichwohl als Opfer der eigenen Führung ansah.

Kritische Fragen stellen sich ein: Dürfen sich auch die Deutschen als Opfer betrachten angesichts des Unheils, das sie über die Welt gebracht haben? Hat der «Brand» einen Tabubruch ausgelöst? Ja, sagt Peter Schneider, der Bombenkrieg sei ein «verbotenes Thema» gewesen. Zahlreiche Rezensenten beschäftigt die Frage, warum das Trauma des Bombenkrieges so lange von der Geschichtswissenschaft gemieden wurde. Als Gründe werden die Scheu vor dem Vorwurf der Aufrechnung genannt, aber auch die Mutation der Alliierten zu Schutzmächten im Kalten Krieg. Hinzu kommt gewiss auch die Verdrängung im Zeichen des hektischen Wiederaufbaus. Auch einer der wenigen Experten meldet sich zu Wort: Horst Boog, dem wir die wissenschaftliche Aufarbeitung des Luftkrieges zu verdanken haben.

Der Autor habe das «elementare Vergegenwärtigungsbedürfnis» (Joachim Fest) brillant befriedigt, schreibt Heribert Seifert. Die Geschichte sei jetzt wieder «beunruhigend nah». Er spricht an, was

Friedrich explizit nicht sagt und doch suggeriert und was in vielen Beiträgen als Provokation empfunden wird: «die bisher größte Herausforderung an die kanonisierte Unterscheidung zwischen gerechtfertigter Kriegführung und Kriegsverbrechen». Dies beschreibt einen Kern dieser Debatte. Hier vor allem gehen die Kritiker mit dem Autor ins Gericht. In mehreren Beiträgen werden Friedrich «semantische Entgleisungen» vorgeworfen, so von Volker Ulrich, Hans-Ulrich Wehler und Ralph Giordano. In der Sprache des Historikers sind bestimmte Worte und Begriffe sinnokkupiert, mit Bedeutung beladen. Wenn Friedrich die Bomberflotten als «Einsatzgruppen» bezeichnet, die brennenden Luftschutzkeller mit «Krematorien» gleichsetzt, dann scheint ein Vergleich intendiert, der vielen zu weit geht. Ist der Titel «Der Brand» so ganz ohne Hintergedanken gewählt?

Für Jörg Friedrich ist die Versöhnung mit den westlichen Nachbarn inzwischen so weit fortgeschritten, dass man nun die Wahrheit sagen könne. Tatsächlich hat die Erinnerung an den Bombenkrieg, vor allem an die Art, wie er geführt wurde, in England wieder alte Wunden aufgerissen. Bisher dient die Beschäftigung der britischen Medien mit dem Zweiten Weltkrieg – und daran ist ja kein Mangel – vor allem der Rückversicherung: Die Besinnung auf die Heldentaten der Kriegsgeneration soll über die triste Gegenwart hinweghelfen und die Nation mit Stolz erfüllen. Es ist ein Schwarzweißgemälde aus längst getrockneten Farben: Schwarze Kleckser auf der weißen Seite können da nur eine Geschichtsfälschung sein. Sollte jetzt der totale, auch die «homefront» einbeziehende Krieg, so sehr Bestandteil des britischen Nationalbewusstseins, vom «gerechten» *(just war)* zum nurmehr «gerechtfertigten» *(justified war)* degradiert werden, wo man doch alles verloren hatte, nur die Ehre nicht? Auch der Standpunkt der Verteidigung sollte gehört werden. Diesen Part übernahm Richard Overy in seinem zweiten Beitrag unter dem Titel «Barbarisch, aber sinnvoll». Er setzt sich kritisch mit Friedrichs zentraler These auseinander, der Bombenkrieg sei auch militärisch, nicht nur moralisch, verfehlt gewesen. Vielmehr habe das Bombardement, so Overy, die Widerstandskraft des Reiches an allen Fronten zugunsten der Verteidigung der Heimat erheblich geschwächt.

Corelli Barnett, lange Zeit Hüter eines wichtigen Kriegsarchivs in Cambridge, ist ein angesehener Historiker, der in seinen Büchern über Großbritanniens Rolle im Weltkrieg und danach seinen Landsleuten gern die Leviten liest. Aber seine Replik auf Friedrichs Buch – das er, wie er selbst einräumt, nicht gelesen hat – ist eine leidenschaftliche Polemik, ganz im Stil der britischen populistischen *tabloids* und typisch für eine Generation, die den Krieg noch im Kindesalter erlebt hat. Die persönlichen Erinnerungen an den Londoner «Blitz» prägen das Urteil und haben insofern repräsentativen Charakter. Was sich Friedrich leiste, so Barnett, sei nicht weniger als ein verspäteter Dolchstoß in den Rücken des einzigen tapferen Volkes, das Hitler 1940 Paroli geboten habe. Der rechtskonservative *Daily Telegraph* sieht einen gefährlichen revisionistischen Trend zum Vorschein kommen. Nachdem sie die Niederlage in materieller Hinsicht gut überstanden hätten, suchten die Deutschen jetzt auch noch moralisches Terrain zurückzuerobern. In Wahrheit spiele dieser Geschichtsrevisionismus nur der äußersten Rechten in die Hände und sabotiere das britisch-deutsche Versöhnungswerk.

Noch ein Wort zur Fernwirkung der Bombenkriegserfahrung, «der tiefsitzenden Ablehnung der Gewalt in der heutigen deutschen Bevölkerung», wie es Hans Mommsen ausdrückt. Kein Zweifel dürfte daran bestehen, dass der Bombenkrieg, wohl noch mehr als die bedingungslose Kapitulation und die Besetzung des ganzen Reichsgebietes, zu der geistigen Entmilitarisierung der Deutschen beitrug, einer Katharsis, die es nach dem Ersten Weltkrieg in dieser Form nicht gegeben hatte. Wer heute über den mangelnden Kriegswillen der Deutschen Klage führt, sollte daran erinnert werden, dass das erklärte Hauptziel der alliierten Umerziehungspolitik gerade darin bestand, den Deutschen die angebliche Lust am Kriegführen ein für alle Mal auszutreiben: Sie sollten lernen, dass der Krieg kein profitables Unternehmen war. Diese Politik war über alle Erwartungen hinaus erfolgreich, weil es aufgrund der Kriegserfahrungen eigentlich keiner weiteren Umerziehung bedurfte. Hier liegt eine Erklärung dafür, warum heute kein deutscher Journalist von *«war heroes»* sprechen würde, warum Militärparaden nicht gefragt sind, warum das Fernsehen deutschen Truppen nicht beim Kriegsspiel zuschaut. Der Krieg ist kein patriotisches Medienspektakel, bei dem der Blick immer wieder auf das Arsenal der Nation gelenkt wird.

Diese aus bitterer Erfahrung erwachsene Grundstimmung lässt sich eben nicht wie ein Thermostat nach Belieben auf neue Zeittemperaturen einstellen. Letztlich dreht sich die Debatte auch um die alte Frage, ob der Zweck die Mittel heiligt, ob die Beseitigung einer unheilvollen Diktatur die rücksichtslose Bombardierung der Bevölkerung rechtfertigt. Darauf wird es stets prinzipielle und subjektive Antworten geben. Wer wie die Deutschen die Mittel so zu spüren bekommen hat, muss nicht den Zweck missbilligen, darf wohl aber die Mittel ernsthaft infrage stellen. In Abwandlung eines Satzes von Wilhelm Busch möchte man allerdings doch einen Vorbehalt hinzufügen: Sie haben alles hinter sich und neigen jetzt dazu, sich als Tugendwächter aufzuspielen.

Die Idee zu diesem Buch hatte Jens Dehning vom Rowohlt · Berlin Verlag. Ihm gebührt der Dank des Herausgebers, der sich dieser Aufgabe stellt. Denn die Debatte um die Rolle der Deutschen als Opfer im Bombenkrieg wird unser historisches Selbstverständnis verändern. Sie hat gerade erst begonnen.

London, im März 2003
Lothar Kettenacker

Joachim Trenkner

Wieluń, 1. September 1939: «Keine besondere Feindbeobachtung»

Am Abend des 31. August 1939 ist Warschau komplett verdunkelt. In vielen Wohnungen sind zudem einzelne Zimmer sorgfältig abgedichtet, denn Gas fürchten die Warschauer am meisten. «An diesem Abend», schreibt der Pianist Władysław Szpilman in seinen Lebenserinnerungen, die unlängst von Roman Polanski so eindrucksvoll verfilmt wurden, «waren sich alle sicher, dass der Krieg gegen die Deutschen unvermeidbar war. Nur die unverbesserlichen Optimisten gaben sich noch der Täuschung hin, Hitler ließe sich im letzten Augenblick von der entschlossenen Haltung Polens abschrecken.»

In Berlin hingegen leuchten noch die Fenster. Doch über der 4,3-Millionen-Stadt liegt eine depressive Stimmung. «Jeder, den ich sprach», notiert der Korrespondent des amerikanischen Radiosenders CBS, William Shirer, in seinem *Berliner Tagebuch,* «war gegen den Krieg ... Wie kann ein Land Krieg führen, wenn die Bevölkerung so dagegen ist? Viele beschwerten sich auch darüber, dass sie nicht informiert werden. Ein Deutscher sagte zu mir: ‹Wir wissen nichts. Warum sagt man uns nicht, was los ist?›» Sogar der Sicherheitsdienst der SS signalisiert in seinen geheimen Lageberichten an die Reichskanzlei «mangelnde Kriegsbereitschaft».

Im Amtssitz des «Führers», in der neuen, pompösen Reichskanzlei, spielen solche Dossiers keine Rolle. Am 31. August 1939 hat Adolf Hitler, wie von den willigen Vollstreckern der Wehrmacht schon lange erwartet, den Einmarschbefehl nach Polen gegeben. Als letzter Vorwand war von der SS kurz zuvor ein «polnischer Überfall» auf den deutschen Sender Gleiwitz nahe der deutsch-polnischen Grenze inszeniert worden.

Dann, in aller Herrgottsfrühe des 1. September, erlebt Władysław Szpilman in Warschau, was er seit Wochen befürchtet hat. «Explosionsgetöse riß mich aus dem Schlaf, es war schon hell geworden. Ich schaute auf die Uhr: gleich sechs. Krieg … er hat angefangen.» Die ersten deutschen Bomben sind auf die polnische Hauptstadt gefallen.

Die Berliner erfahren an diesem wolkenverhangenen ersten Septembermorgen die Nachricht vom Ausbruch des Krieges erst spät. «Die Menschen in den Straßen wirkten apathisch, als ich für meine Frühsendung zum Rundfunkhaus fuhr», schreibt Korrespondent Shirer. «Gegenüber dem Hotel Adlon arbeitete die Frühschicht am neuen IG-Farben-Gebäude, so als sei nichts geschehen. Entlang der Ost-West-Achse hatte die Luftwaffe fünf schwere Flak-Geschütze in Stellung gebracht, um Hitler im Reichstag zu beschützen.»

Hitlers Rede vor dem gleichgeschalteten Parlament in der Kroll-Oper wird von 10 Uhr an vom Rundfunk übertragen: «Seit 5.45 Uhr wird jetzt zurückgeschossen. Seither wird Bombe mit Bombe vergolten. Wer mit Gift kämpft, wird Giftgas bekommen.» Hitler hatte sich um eine Stunde geirrt: Der erste Schuss war schon um 4.47 Uhr gefallen, vom deutschen Schulschiff *Schleswig-Holstein* aus, das die kleine Festung Westerplatte im Danziger Hafen unter Feuer nahm.

So begann vor fast 64 Jahren der Zweite Weltkrieg. So steht es in den Geschichtsbüchern, in den deutschen und in den polnischen. Tatsächlich aber begann der Überfall Nazideutschlands auf Polen zugleich an einem weiteren polnischen Ort – noch brutaler, als die Schulbücher es erzählen. Und es war nicht die Marine, es war die deutsche Luftwaffe, die hier all jene Schrecken entfesselte, die in den kommenden Jahren ganz Europa heimsuchen sollten.

Die Luftwaffe: Sie ist der besondere Stolz des Regimes. Für den Überfall auf Polen bestens gerüstet, gilt sie als die stärkste der Welt. Im September 39 verfügt sie über mehr als 4000 Frontflugzeuge, die in vier Luftflotten aufgeteilt sind. Laut Quellen aus dem Stab des Generals der Flieger Albert Kesselring wird Polen mit einer Luftstreitmacht von rund 2000 Flugzeugen angegriffen. Das ist etwa die Hälfte aller zur Verfügung stehenden Maschinen. Die Verbindung von Sturzkampfbombern (Stukas) und Panzern bietet die Voraussetzung für tiefe und schnelle Frontdurchbrüche und entwickelt sich rasch zum gefährlichsten Mittel des so genannten Blitzkrieges; insgesamt wird die Luftwaffe 9000 Bombeneinsätze gegen Polen fliegen.

Am 31. August jedenfalls ist alles bereit. Im Gefechtsquartier der 4. Luftflotte in Schloss Schönwald östlich der schlesischen Kreisstadt Rosenberg herrscht besonders angespannte Hektik. Denn hier hatte der Fliegerführer zur besonderen Verfügung, Generalmajor Wolfram Freiherr von Richthofen, schon vor fünf Tagen von seinem Chef, dem Oberbefehlshaber der Luftwaffe, Hermann Göring, einen Einsatzbefehl erhalten. «Ostmarkflug 26. August, 4.30 Uhr», hatte der Funkspruch aus Berlin gelautet, der einige Stunden später widerrufen worden war. Jetzt, in der Nacht zum 1. September, soll der Angriff auf Polen definitiv erfolgen.

Richthofen, der es 1943 noch zum Generalfeldmarschall bringen sollte und wenige Wochen nach dem Krieg in Bad Ischl einer Krebskrankheit erlag, hatte sich schon im Spanischen Bürgerkrieg als Befehlshaber der berüchtigten Legion Condor hervorgetan. Nach der Bombardierung des baskischen Städtchens Guernica 1937 notierte er in sein Kriegstagebuch: «Guernica, Stadt von 5000 Einwohnern, buchstäblich dem Erdboden gleichgemacht, Bombenlöcher auf Straßen noch zu sehen, einfach toll.»

Nun sieht Richthofen die Chance, sein Zerstörungswerk fortzusetzen. Der Fliegerführer bestellt die Kommandanten seines Stuka-Geschwaders 76 sowie des Geschwaders 2 Immelmann zum Befehlsempfang ein. Als Angriffsziel nennt er ihnen den Namen eines polnischen Städtchens, 100 Kilometer östlich von Breslau gelegen, nicht weit hinter der Grenze: Wieluń.

Ziel ist es, den Ort zu vernichten. Dabei soll vor allem ein gerade weiter entwickelter Flugzeugtyp getestet werden, der Sturzkampfbomber JU 87 B. Die Stukas sind von der Dessauer Flugzeugfabrik Junkers eigens für den Polenkrieg mit einem doppelt so starken Motor wie das bisherige Modell ausgerüstet worden. Mit 1150 PS Motorleistung können sich die neuen Maschinen bei über 300 Kilometer pro Stunde und einer Bombenlast von 500 Kilo pro Einsatz aus großer Höhe auf ihre Ziele stürzen.

Wieluń liegt im Abseits. In seiner 800-jährigen Geschichte ist es nie zu besonderer Bedeutung gelangt, ein Marktflecken, der von der Landwirtschaft lebt. Nur die Herrschaft hatte von Zeit zu Zeit gewechselt: 1793 preußisch, 1807 von Napoleons Gnaden wieder polnisch, nach dem Wiener Kongress bis zur Neugründung des polnischen Staates nach dem Ersten Weltkrieg russisch.

16 000 Einwohner zählt das Städtchen, die meisten sind Bauern und kleine Kaufleute. Am 31. August 1939 hat es zwar einen Fliegeralarm gegeben, doch dann heißt es, das sei nur Probe gewesen, niemand müsse sich sorgen. Warum sollen die Deutschen auch ausgerechnet Wieluń angreifen? Hier gibt es keinen wichtigen Eisenbahnknotenpunkt und, bis auf die kleine Zuckerfabrik am Rande der Stadt, auch keine Industrie. Das Militär ist längst abgezogen; ein Kavallerie-Regiment wurde bereits im Frühsommer zur Grenzverteidigung an die Warthe verlegt. Die Stadt ist unbefestigt, wehrlos, ohne Flak und ohne Bunker.

Auf dem Militärflughafen von Nieder-Ellguth am Steinberg nordöstlich von Oppeln bereitet man indes den Einsatz vor. Zwar behindert in der Nacht leichter Bodennebel die Sicht, doch für Hauptmann Walter Sigel ist das kein Grund, sich lange aufhalten zu lassen. Er hat als Erster den Einsatzbefehl gegen Wieluń erhalten.

Laut späterer Einsatzmeldung starten die 29 Stukas des Geschwaders 76 unter seinem Kommando um zwei Minuten nach 5 Uhr in Richtung polnische Grenze. Tatsächlich aber kann es erst 4.02 Uhr gewesen sein; denn alle Überlebenden berichten, die ersten Flugzeuge seien zwischen 4 und 5 Uhr über Wieluń aufgetaucht – also just zu jener Zeit, als auch auf der *Schleswig-Holstein* in Danzig die Vorbereitungen für den Angriff laufen. Warum die Einsatzmeldung den Beginn des Unternehmens um eine Stunde verschiebt, bleibt rätselhaft: War es ein Versehen? War es eine taktische Manipulation?

Der Flug dauert kaum 20 Minuten. Der Kampfauftrag lautet: Vernichtung des westlichen Teils von Wieluń. Gegen 4.35 Uhr stürzen sich Sigels Stukas mit dem infernalischen Sirenengeheul der so genannten Jericho-Trompeten auf die schlafende Stadt. Die ersten Bomben fallen um 4.40 Uhr. Insgesamt werfen Sigels Flugzeuge bei diesem ersten Einsatz 29 500-Kilo-Sprengbomben und 112 50-Kilo-Bomben ab. «Ziel vernichtet, Brände beobachtet», vermerkt der Hauptmann in seinem Einsatzbericht, nachdem er ohne Verluste kurz nach 5 Uhr wieder auf der Asphalt-Rollbahn in Nieder-Ellguth gelandet ist. Und unter der Rubrik *Feststellung und Beobachtung zur Lage am Ziel, auf An- und Rückmarsch* notiert er: «Keine besondere Feindbeobachtung.»

Der Bombenhagel bringt Tod und Zerstörung. Die ersten Bomben haben das Allerheiligen-Hospital getroffen, obwohl das Krankenhaus auf dem Dach mit einem roten Kreuz gekennzeichnet ist. «Ich war sehr früh zu Bett gegangen und bin dann sehr früh am anderen Morgen vom Dröhnen der Flugzeuge wach geworden», berichtet später der Arzt Zygmunt Patryn. «Plötzlich gab es eine Explosion auf dem Krankenhausgelände. Fensterscheiben klirrten und fielen auf mein Bett. Ich sprang auf, griff meine Kleidung und rannte ins Freie. In diesem Moment stürzte das Haus hinter mir zusammen. Überall lagen Trümmer, und unter den Trümmern hörten wir Stöhnen. Dreimal bombardierten die Flugzeuge das Krankenhaus. Eine Bombe riss im Garten einen so gewaltigen Krater, dass ein halbes Haus hineingepasst hätte. Zwei Ordensschwestern, 4 Krankenschwestern und 26 Patienten sind bei dem Angriff getötet worden.»

Kurz darauf greift die Luftwaffe zum zweiten Mal an, diesmal soll der östliche Teil der Stadt zerstört werden. Der dritte und letzte Einsatz, bei dem wieder 29 Maschinen über die Stadt fliegen, wird von Major Oskar Dinort vom Stuka-Geschwader 2 Immelmann befehligt. Aus über 2000 Meter Höhe stürzt sich die gesamte Staffel steil auf das Ziel. Erst nachdem sie auf 800 Meter gefallen sind, lösen sie die Bomben aus. Die schwerste wirft Dinort selbst. «Direkt auf den Marktplatz!», jubelt er später in einer NS-Publikation mit dem Titel *Die Höllenvögel.*

Die Menschen in Wieluń können noch gar nicht begreifen, was mit ihnen geschieht. Der Mechaniker Józef Musiał ist acht Jahre alt, als die Bomben fallen. Mit seiner Schwester hat er das Bombardement vom Stadtrand aus beobachtet: «Es waren große graue Flugzeuge mit schwarzen Kreuzen … Viele Menschen rannten aus der Stadt. Nach dem Angriff sind wir ins Zentrum gegangen, um zu sehen, was dort passiert ist. Es war sehr zerstört … Überall lagen Leichen und abgerissene Körperteile: Arme, Beine. Ein Kopf.»

Die grausame Bilanz: Insgesamt 380 Bomben mit einer Sprengkraft von zusammen 46 000 Kilogramm, die in drei Angriffswellen von jeweils 29 Stukas des Typs JU 87 B abgeworfen wurden, töteten 1200 Menschen. Die Stadt ist zu 70 Prozent zerstört, der enge Stadtkern durch Brände sogar zu 90 Prozent.

Warum ausgerechnet Wieluń? Warum wurde dieses Provinzstädtchen dem Erdboden gleichgemacht, noch bevor der Krieg richtig begonnen hatte? Es gab später, nach 1945, Versuche, die Tat zu rechtfertigen. So schildert zum Beispiel Cajus Bekker 1964 in seinem Buch *Angriffshöhe 4000* das Bombardement Wieluńs im Stil der NS-Propaganda: Da «sieht der Gruppenkommandeur nur noch sein Ziel. Es wächst, wird rasend schnell größer. Plötzlich ist es kein anonymer Wurm mehr, der über eine tote Landkarte kriecht. Jetzt sind es Fahrzeuge, Menschen und Pferde. Polnische Reiter. Stukas gegen Kavallerie.» Natürlich sei es ausschließlich um militärische Ziele gegangen.

Nur: Es gab keine Soldaten mehr in Wieluń, und die Piloten wussten das. Schließlich war es der Gruppenkommandeur des Stuka-Geschwaders 76, Hauptmann Sigel, selbst gewesen, der in seiner Einsatzmeldung zu Protokoll gegeben hatte: «Keine besondere Feindbeobachtung.»

In Wieluń ging es um anderes. Für Fliegergeneral Wolfram von Richthofen war es, wie gesagt, ein willkommener Anlass, die modernisierten Stukas JU 87 B zu testen. Und Stuka-Kommandeur Walter Sigel erschien es als die beste Gelegenheit, eine Scharte auszuwetzen. Sigels Geschwader war nämlich zwei Wochen zuvor, am 15. August 1939, in Anwesenheit hoher Luftwaffengenerale auf dem Fliegerhorst Cottbus angetreten, um die neuen Maschinen auf dem Truppenübungsplatz Neuhammer in der Saganer Heide vorzuführen. Der Befehl: geschlossener Sturzkampfangriff, Abwurfmunition Zementbomben mit Rauchsatz. Durch eine falsche Wetterprognose und Bodennebel war es jedoch zur Katastrophe gekommen: 13 Stukas stürzten ab, 26 junge Piloten kamen ums Leben. Sigel hatte seine Maschine in letzter Minute nach oben ziehen können und überlebte. Ein rasch einberufenes Kriegsgericht sprach den Geschwaderchef frei; kurz vor Kriegsbeginn brauchte man jeden erfahrenen Flieger. So wurde der Einsatz gegen Wieluń für Sigel und seine Männer auch zu einer Bewährungsprobe.

Das Massaker lag erst wenige Stunden zurück, da übermittelte das Auswärtige Amt in Berlin der noch nicht geschlossenen polnischen Botschaft eine diplomatische Note mit besonders zynischem Inhalt: «Die deutschen Luftstreitkräfte haben den Befehl erhalten, sich bei ihren Kampfhandlungen in Polen auf militärische Ziele zu beschränken …» Auf eine Lüge mehr oder weniger kam es dem Regime nun auch nicht mehr an. Görings Luftwaffe machte von Kriegsbeginn an keinen Unterschied zwischen militärischen und zivilen Zielen. Wieluń war der schreckliche Auftakt, die Zerstörung Warschaus sollte folgen.

Die ersten Bomben fallen am 1. September noch auf militärische Einrichtungen. Am 9. September folgt die Attacke gegen das Zentrum der polnischen Hauptstadt. Wie vorher in Wieluń greifen wieder Stuka-Geschwader an. Warschau, bald von deutschen Truppen eingeschlossen, leistet Widerstand. Doch längst sind die Vorbereitungen für den Großangriff vorbereitet, Code-Wort: «Wasserkante» – das erste Flächenbombardement einer Großstadt in der Geschichte des Luftkrieges. Drei Tage lang wird Warschau gnadenlos attackiert, der schwerste Angriff auf die Innenstadt erfolgt am 25. September, die letzte Bombe fällt am frühen Nachmittag des 27. Septembers. Danach kapituliert die Stadt.

Während des dreitägigen Bombardements warf die Luftwaffe 560 Tonnen Sprengstoff und 72 Tonnen Brandbomben ab. Über 400 Flugzeuge flogen knapp 1200 Einsätze, Stukas und Bomber vom Typ DO 17. Da die schnellen Stukas keine Brandbomben abwerfen konnten, wurden zusätzlich langsame Transportmaschinen vom Typ JU 52 eingesetzt. Vor allem die neu entwickelte Bombe B 1 Fe erzielte, auf Wohnblocks abgeworfen, eine verheerende Wirkung. Die Brandwolke über der Millionenstadt soll in diesen Tagen auf drei Kilometer

Höhe gestiegen sein, bevor sie entlang der Weichsel gen Norden zog. Nach den ersten schweren Luftangriffen hatte Warschau 10 000 Tote zu beklagen, insgesamt wurden in wenigen Tagen 20 000 Menschen durch Bomben und Artilleriebeschuss getötet und 50 000 verletzt.

Nach der Besetzung Polens ließ Joseph Goebbels einen Film «über die gewaltigen Leistungen der Luftwaffe» mit dem Titel *Feuertaufe* drehen. In Dresden und Hamburg, in Berlin und Kassel und vielen anderen deutschen Städten fand im April 1940 unter heftigem Werberummel die Uraufführung statt. «Tiefste und nachhaltige Wirkung übten auf alle Teilnehmer die Bilder des zerstörten Warschau aus», heißt es dazu in den geheimen Lageberichten des Sicherheitsdienstes der SS. Die gezeigten Filmaufnahmen müssen von größter Brutalität gewesen sein, da «vor allem von Frauen Stimmen des Mitleids mit den Polen geäußert wurden und angesichts des zerstörten Warschau bei diesen Zuschauern keine heroisch stolze, sondern eine bedrückende, verängstigte Stimmung über die ‹Schrecken des Krieges› entstand». Wohl deshalb wurde der Film nur kurze Zeit in den Kinos gespielt.

Als am 2. September 1939 die deutsche Infanterie in Wieluń einrückt (unter den Offizieren ist auch Claus Graf Stauffenberg), findet sie das zerstörte Städtchen fast leer vor. Die meisten Bewohner sind in die Wälder geflohen. Niemand hat die Leichen weggeräumt, Seuchengefahr droht. Nur allmählich kommen die Menschen zurück in ihre Trümmerheimat, in der nun der deutsche Terror regiert. «Nichts als Brutalität gab es hier», berichtet ein Zeitzeuge, der vor dem Krieg in der Zuckerfabrik tätig gewesen war, «so hielt man das Volk im Zaum. Ich müßte lügen, wenn ich über diese Deutschen von damals etwas Positives sagen würde. Jeder von uns zitterte vor Angst und bangte um sein Leben. Jeder hatte Angst, als Zwangsarbeiter nach Deutschland abtransportiert zu werden.»

Die Nazis haben einiges vor mit Wieluń, das jetzt als Teil des Reiches zum so genannten Warthegau gehört. Man plant langfristig: Der deutsche Bürgermeister Werner Pfarschner, der 1942 ernannt wird, soll laut Ernennungsurkunde bis 1954 im Amt bleiben. Germanisierung ist das Ziel. Die Stadt heißt nun Welun, im so genannten Welunger Gebiet gibt es nur noch deutsche Schulen. Die SS beabsichtigt,

Welun als deutsche Mustersiedlung neu zu errichten, alles Polnische soll ausgelöscht werden. Das Modell dafür ist bereits fertig.

Erst nach der Befreiung durch die 1. Ukrainische Front der Roten Armee in der Nacht vom 18. zum 19. Januar 1945 begann in Wieluń allmählich der Wiederaufbau. Etwa 25 000 Menschen wohnen heute hier. Für die Jüngeren, für viele nach dem Krieg Zugezogene ist der 1. September längst Geschichte. Immerhin: Eine Bronzetafel und eine Dauerausstellung im Museum erinnern noch an den Schicksalstag der Stadt. Nur die Namen der Piloten, die das alte Wieluń dem Erdboden gleichmachten, kennt niemand mehr.

Hauptmann Walter Sigel, der den ersten Stuka-Angriff befehligt und das Krankenhaus getroffen hatte, fiel 1944 als Oberstleutnant. Major Oskar Dinort, der die letzte Bombe auf den Marktplatz geworfen hatte und später mit dem Ritterkreuz ausgezeichnet worden war, lebte nach dem Krieg in Köln, 1965 ist er gestorben. Zweimal, 1978 und 1983, wurde wegen der Zerstörung des Krankenhauses von Wieluń in der Bundesrepublik ein Ermittlungsverfahren eingeleitet – und nach kurzer Zeit wieder eingestellt: Die Kommandeure hätten in der Morgendämmerung nicht bemerken können, dass sie auch ein Krankenhaus bombardierten, argumentierte einfühlsam die Staatsanwaltschaft.

Seit kurzem beabsichtigt das Institut des Nationalen Gedenkens (IPN) in Warschau, eine gemeinsame deutsch-polnische Veröffentlichung zu Wieluń herauszugeben – 58 Jahre nach Kriegsende. Aber auch hierzulande sollte man, bei aller Beschäftigung mit den eigenen Opfern des Bombenkrieges, nicht vergessen, wann und wo alles begann: am 1. September 1939 in Wieluń.

Der Bombenkrieg

Richard Overy

Die alliierte Bombenstrategie als Ausdruck des «totalen Krieges»

«Wir müssen noch viele Boches umbringen, bevor wir diesen Krieg gewinnen.»
Luftmarschall Harris, April 1942[1]

Nichts entsprach dem nach 1918 neu umrissenen Konzept des «totalen Krieges» besser als die Entwicklung der offensiven Luftmacht. «Der totale Krieg, der durch das Flugzeug ermöglicht wurde», schrieb Bernard Davy, Mitglied der Royal Aeronautical Society, 1941, «hat alle traditionellen Vorstellungen der Kriegführung umgestoßen.»[2] Das Bombenflugzeug galt weithin als der Inbegriff des neuen Zeitalters des Massenkrieges, der sich nicht nur gegen Soldaten, sondern auch gegen Zivilisten richtete, nicht nur gegen Armeen, sondern auch gegen das soziale und ökonomische Gefüge, von dem sie getragen wurden.

Die Auffassung, der moderne Krieg sei unausweichlich ein Kampf ums nationale Überleben und diene der Verteidigung ganzer Gesellschaften mitsamt ihren Wertsystemen und Institutionen, war 1939 unbestritten. So sah man die Fähigkeit, einem Feind den nationalen Willen aufzuzwingen, nicht als Ergebnis eigener militärischer Potenz, sondern abhängig von der psychischen Robustheit, der politischen Standfestigkeit und der wirtschaftlichen Stärke der Nation, die den Angriffen ausgesetzt war – besonders den Luftangriffen.

Als amerikanische Flieger in den dreißiger Jahren an der Air Corps Tactical School Vorlesungen über den Krieg der Zukunft hielten, betonten sie immer wieder, es sei der entscheidende Zweck des Krieges, «den Willen des feindlichen Volkes» zu untergraben, indem man einen direkten Angriff gegen die «Basis seines Widerstands» führe, der in seinem wirtschaftlichen und sozialen Gefüge wurzele.[3] Bei der Analyse der Fähigkeit einer Nation, Krieg zu führen, rangierte das «Militärsystem» an vierter Stelle hinter «dem gesellschaftlichen, dem wirtschaftlichen und dem politischen System», wobei man den «Sozialkörper» für das wichtigste System hielt. Wenn der «Sozialkörper» nicht standhalten könne, müsse das «die Niederlage der Nation» herbeiführen.[4]

Die Industrialisierung – als Ausdruck der «Moderne» – betrachtete man zugleich als Stärke und als Schwäche. Obwohl sie die Mittel zur mechanisierten Kriegführung bereitstellte, machte sie ebendadurch das Industriesystem mit seinem empfindlichen Netz von Versorgungs- und Vertriebsverbindungen anfällig für potenziell vernichtende Militärschläge. «Die Zivilisation hat das wirtschaftliche und gesellschaftliche Leben einer Nation zunehmend verwundbarer für Angriffe gemacht», erläuterte 1935 ein hochrangiger amerikanischer Luftwaffenoffizier in einem Vortrag. «Eine vernünftige Strategie verlangt, dass der Hauptschlag den Feind dort trifft, wo er am schwächsten ist.»[5] Das Wachstum der Städte produziere Bevölkerungen, so meinten Soziologen, die allzu entwurzelt, unsicher und desorientiert seien, um der Belastung des modernen Krieges gewachsen zu sein.[6] Das Zeitalter der Massen zwinge die Politik zur Popularisierung, bringe aber auch Gesellschaften hervor, in denen die Erfordernisse der totalen Mobilmachung die Opferbereitschaft der Bevölkerung möglicherweise überforderten. 1923 ging man in einem Bericht über die Jahresmanöver der britischen Luftwaffe von der Annahme aus, der Krieg laufe nun auf einen «Kampf der Moral» hinaus. In einem solchen Wettstreit werde sich die städtische Bevölkerung, die «Masse», als «unendlich anfälliger für den Zusammenbruch» erweisen.[7]

Tatsächlich führten nur Großbritannien und die Vereinigten Staaten flächendeckende und von Bodentruppen unabhängige Bombenangriffe gegen Ballungsgebiete und Industriezentren ihrer Feinde. Das stellte die Historiker vor ein Paradox. Während des Krieges nahmen die beiden westlichen Staaten moralische Überlegenheit für sich in Anspruch, indem sie die Tugenden moderner liberaler Demokratien gegenüber ihren politisch dekadenten und militaristischen Gegnern betonten. Dennoch entschlossen sich beide Staaten zu einem Bombenkrieg, der massive Verluste in der Zivilbevölkerung und die Zerstörung großer Teile der Ballungsgebiete in Deutschland und Japan zur Folge hatte. Zum einen erklärt sich das Paradox daraus, dass das Wesen des modernen Krieges, wie er sich nach 1918 entwickelte, im Westen unkritisch hingenommen wurde, zum anderen aus den besonderen strategischen Umständen, denen sich Großbritannien und die Vereinigten Staaten Ende der dreißiger Jahre und während des Krieges gegenübersahen. Wie haben nun die beiden westlichen Staaten die unaufhörliche Bombardierung deutscher Städte und Zivilisten erklärt und gerechtfertigt?

Die Wurzeln des Bombenkrieges

Seit langem wissen wir, dass die angloamerikanische Strategie, die dem Bombenkrieg zugrunde lag, den Erfahrungen des Luftkrieges während des Ersten Weltkrieges entsprang. Als die Deutschen 1916/17 mit Zeppelinen und Langstreckenbombern vom Typ Gotha Ziele in Großbritannien bombardierten, begann sich die militärische und politische Führung in London mit der Frage zu beschäftigen, ob Luftangriffe gegen deutsche Städte legitim und praktikabel seien.[8] Von Anfang an unterschied man dabei kaum zwischen Angriffen auf militärische und industrielle Ziele einerseits und auf die Moral feindlicher Zivilisten anderseits.

Im Juni 1917 informierte General Hugh Trenchard, der Kommandeur der alliierten Independent Force of Bombers, das britische Kriegskabinett, es sei das strategische Ziel der Angriffe auf Deutschland, durch systematische Bombardierung der Ballungsgebiete «die moralischen und physischen Zentren des feindlichen Lebens zu zerschlagen». «Die flächendeckende Bombardierung dicht bevölkerter Industriezentren», schrieb er, würde «ausreichen, um die Moral der arbeitenden Bevölkerung zu untergraben».[9] Dem lag die Annahme zugrunde, die Moral an der deutschen Heimatfront sei gering und werde unter Luftangriffen nachgeben, eine Auffassung, die sich erhärtete, als 1917 die deutschen Bombenangriffe auf London allgemeine Panik auslösten. Diese ersten Angriffe erklären, warum man der Frage, wie legitim oder illegitim Vergeltungsaktionen seien, die mit Sicherheit hohe Verluste unter der Zivilbevölkerung verursachen würden und die Moral des Feindes schwächen sollten, so wenig Aufmerksamkeit schenkte. Dass die Deutschen keine Skrupel gehabt hatten, galt als hinreichende Rechtfertigung, es ihnen mit gleicher Münze heimzuzahlen, obwohl die britische Regierung betonte, die Angriffe seien keine bloßen Vergeltungsmaßnahmen (tatsächlich griff die britische Luftwaffe Deutschland seit Beginn des Krieges an).

Auf der Suche nach einer Erfolg versprechenden Strategie, die der alliierten Führung als eine Möglichkeit zur Beendigung des Stellungskrieges verkauft werden konnte, entschied sich die Luftwaffe, die Wirkung der Bombenangriffe auf die Moral zu unterstreichen. Die Frage, ob die Angriffe auf die Zivilbevölkerung vom Kriegsrecht gedeckt waren oder nicht, blieb ausgeklammert. Britische Politiker übergingen diesen Aspekt, indem sie sich mit der angeblichen Wirksamkeit der neuen Waffe beschäftigten. «Darin liegt die Schönheit des künftigen Krieges», sagte Lord Fisher 1919. «Keine Gebirge, Flüsse, befestigten Häfen, keine schneebedeckten Alpenpässe spielen noch eine Rolle – man fliegt einfach über alle diese Hindernisse hinweg und wirft seine tonnenschweren Bombenlasten ab.»[10]

Zehn Jahre später, 1928, verglich man die Bombardierung mit den Wirkungen von Seeblockaden, bei denen die indirekten Folgen für die Zivilbevölkerungen ebenfalls schwerwiegend sein konnten. Die Luftangriffe des vergangenen Krieges wurden sorgfältig untersucht, um zu entscheiden, ob die Bombardierung von Industriestädten einen Verstoß gegen die Konventionen des modernen Krieges darstellten. Dabei gelangte man zu dem Schluss, die Angriffe gegen militärische und wirtschaftliche Ziele in deutschen Städten (einschließlich der Moral der Industriearbeiterschaft) seien «vollkommen legitime Ziele von Luftangriffen» und daher als «normale Kriegshandlungen» anzusehen.[11]

Während der zwanziger Jahre vertraten die Theoretiker des Luftkrieges die Auffassung, die Kriege der Zukunft würden durch rücksichtslose Luftangriffe gegen die dicht bevölkerten Großstädte und Industriegebiete des Feindes entschieden. Diese Ansicht wurde von den beiden anderen Teilstreitkräften nicht geteilt, die weiterhin meinten, die Luftwaffe habe die Aufgabe, die Operationen der Truppen zu Lande und zu Wasser zu unterstützen. Viele Luftwaffenkommandeure jedoch betrachteten es als die eigentliche Aufgabe der Luftwaffe, sich unmittelbar mit den militärischen Kräften des Feindes zu messen. Nur in Großbritannien und den Vereinigten Staaten verengte sich die Doktrin auf die Bombardierung als zentrale Aufgabe der Luftwaffe. «Die Bombe ist die Hauptwaffe der Luftstreitkräfte», hieß es 1935 im *War Manual*, dem Kriegshandbuch der Royal Air Force, «und das wichtigste Mittel, durch das sie ihr Kriegsziel erreichen kann.»[12]

In beiden westlichen Staaten sahen sich die Flieger ganz bewusst als Vorboten einer neuen Form der Kriegführung, bei der ganze Gesellschaften zu einer kollektiven nationalen Anstrengung aufgerufen waren. Der «totale Krieg» oder «nationale Abnutzungskriege», wie Lord Trenchard sie nannte, machten die feindliche Gesellschaft zu einem legitimen Angriffsziel.[13] «Da der Krieg national ist», notierte ein hoher RAF-Offizier in den Aufzeichnungen zu einem Vortrag im Jahr 1936, «ist industrielle Mobilisierung eingeschlossen. Keine klare Trennung zwischen Kombattanten und Nichtkombattanten möglich.»[14] Später, im Krieg, bediente sich Luftmarschall Arthur Harris, Chef des Oberkommandos des Bomber Command, desselben Arguments, um zu erklären, warum man Arbeitersiedlungen in Deutschland angreifen müsse. «Es ist klar, dass jeder Zivilist, der mehr produziert, als er für den eigenen Lebensunterhalt braucht, einen positiven Beitrag zu den deutschen Kriegsanstrengungen leistet und daher ein geeignetes, wenn auch nicht unbedingt lohnendes Angriffsziel ist.»[15]

In der Royal Air Force wurde die These, dass die moralische Wirkung der Bombardierung die materiellen wirtschaftlichen Schäden in den Schatten stelle, fester Bestandteil der Doktrin, seit Trenchard Anfang der zwanziger Jahre erstmals das unbewiesene und unbeweisbare Verhältnis von 20:1 zwischen diesen beiden Wirkungstypen in die Debatte geworfen hatte. Das 1935 publizierte *War Manual* der RAF machte sich die Trenchard-Doktrin ausdrücklich zu Eigen:

Moralische Wirkung – Zwar sollte die Bombardierung geeigneter Ziele dem Feind beträchtliche materielle Schäden und Verluste beibringen, doch wichtiger und weiter reichend ist die moralische Wirkung der Luftangriffe ...[16]

Als die RAF 1938, vor dem Münchner Abkommen, mit der Einsatzplanung begann, erkannte man, dass die Angriffe auf «lebenswichtige Zentren» Deutschlands – in diesem Falle das Ruhrgebiet – «zwangsläufig große Verluste der Zivilbevölkerung nach sich ziehen» müssten.[17]

Die infrastrukturellen Schäden an sich wurden nicht als kriegsentscheidend angesehen: Das Ziel sei, hieß es im *War Manual* der RAF, die Bevölkerung zu demoralisieren oder in der feindlichen Regierung die Furcht zu wecken, der Wille zu weiterem Widerstand könne erlöschen. Alles, was möglicherweise dazu beitrug, die «nationalen Anstrengungen» des Feindes entscheidend zu schwächen, galt als strategisch lohnende Maßnahme, ausgenommen vorsätzliche und wahllose Angriffe auf die Zivilbevölkerung des Feindes, die, wie ein britischer Flieger unverhohlen sagte, «nicht dem Prinzip der Konzentration gerecht werden».[18] Diese Auffassung wurde von den Luftwaffenoffizieren der Vereinigten Staaten voll und ganz geteilt.

Als in den dreißiger Jahren die Bodentruppen immer massivere Kritik am Konzept der unabhängigen Bombardierung von Zielen im Herzland des Feindes übten, arbeitete eine kleine Gruppe höherer Luftwaffenoffiziere an der Air Corps Tactical School eine ausgefeilte Verteidigung dieses Konzepts aus.

Wie die britischen Theoretiker des Luftkrieges beriefen sich auch ihre amerikanischen Kollegen bei den Thesen zum Einsatz der Luftwaffe auf die gewandelte Natur des Krieges im Zeitalter der Hochindustrialisierung. Statt die Streitkräfte des Feindes anzugreifen, musste es im modernen Krieg darum gehen, den «Widerstandswillen» der feindlichen Nation mit jedem zur Verfügung stehenden Mittel zu brechen.

Diese Annahmen über den Charakter des Krieges bildeten nicht nur die Grundlage der amerikanischen Luftstrategie im Zweiten Weltkrieg, sondern auch im nachfolgenden Kalten Krieg. In einer Vorlesung aus dem Jahr 1939 zum Thema «Können wir bombardiert werden?» wies Generalmajor «Hap» Arnold, Kommandeur des Air Corps, seine Zuhörer warnend darauf hin, dass sich fortan «jeder Mann, jede Frau und jedes Kind» an vorderster Front befinde, falls ein Feind sich entschlösse, die industriellen und städtischen Komplexe anzugreifen, denen Amerika sein wirtschaftliches Potenzial verdanke. Arnold ließ keinen Zweifel daran, dass die Vereinigten Staaten einer solchen Bombardierung schutzlos ausgeliefert seien, weil sich ihre lebenswichtigen Ziele mühelos von der feindlichen Luftwaffe ausmachen und zerstören ließen. Er plädierte für eine schlagkräftige Luftwaffe, um jeden potenziellen Feind abzuschrecken oder um einen vernichtenden Gegenschlag führen zu können, falls amerikanische Städte angegriffen werden sollten.[19]

Als dann 1939 der Krieg ausbrach, waren die Flieger in den beiden westlichen Staaten darauf konditioniert, den modernen Krieg als einen «totalen Krieg» zu sehen, der die Unterscheidung zwischen Kombattanten und Zivilisten vollkommen verwischte und den geplanten Angriff auf die wirtschaftliche Infrastruktur des Feindes und seine Moral legitimierte. Verstärkt wurde diese Einstellung durch die Thesen von der Schutzlosigkeit der modernen Wirtschaftssysteme gegenüber Luftangriffen und von der Unfähigkeit der Stadtbevölkerung, ein höheres Maß an Not und Gefahr zu ertragen.

Stets waren die Theorien in eine abstrakte oder metaphorische Sprache über «Systeme» oder den «Sozialkörper» gekleidet. Gerne verwendete man biologische Metaphern, um Ziele zu beschreiben – Nervenzentren, Herz, Gehirn, Schlagadern und so fort –, während man paradoxerweise die Augen verschloss vor den vielen tausend realen Körpern, die der Bombardierung zum Opfer fallen mussten. Harris verwendete regelmäßig die Metapher der Insektenvernichtung (»das Nest angreifen, nicht die einzelne Wespe oder Mücke»), ein sprachlicher Kunstgriff, der sich während des Krieges auch in anderen Zusammenhängen großer Beliebtheit erfreute.[20] Die Bereitschaft, die Sprache der Luftwaffentheorie von der Realität des Bombenangriffs abzulösen, sie metaphorisch zu verbrämen, ist eine Erklärung dafür, dass in den theoretischen Schriften der dreißiger Jahre die Diskussion über zivile Opfer fast gar nicht stattfindet.

Beide Luftwaffen machten sich auch die zeitgenössische Begeisterung für «Rationalisierung» und «nationale Effizienz» zu Eigen, um den Angriff auf Wirtschaft und Gesellschaft des Feindeslandes zu rechtfertigen. Die Möglichkeiten dieser Waffengattung entsprachen dem Bedürfnis moderner demokratischer Staaten, Kriege mit «höchster Effizienz» zu führen. Die Luftwaffe galt als ein Mittel der Kriegführung, das den Sieg «mit dem geringsten Aufwand an Menschenleben, Zeit, Geld und Material» bringen könne.[21] In der RAF vertraten sowohl Trenchard wie Harris die Auffassung, die Bombardierung sei der schnellste Weg zum Sieg und ein probates Mittel, um hohe Verluste an Menschenleben wie im Ersten Weltkrieg zu vermeiden und Großbritanniens Offensivkraft zu maximieren. Die Idee, dass die Luftwaffe ein Ausdruck nationaler Effizienz sei, war eine Fortführung der Gedanken über Krieg und Modernität. Die Strategien, die massive Kollateralschäden der angegriffenen Nation in Kauf nahmen, wurden so pseudowissenschaftlich gerechtfertigt.

Trotzdem darf daraus nicht geschlossen werden, dass die westlichen Luftstreitkräfte in den dreißiger Jahren bei Beginn von Feindseligkeiten sofort Luftangriffe von beliebiger Art hätten fliegen können. Die englische und die amerikanische Luftwaffe waren in erster Linie als Abschreckungskräfte gedacht, die durch ihre bloße Existenz jedem Feind die Möglichkeit von Vergeltungsschlägen vor Augen führen sollen. Man hatte das Bomber Command in den dreißiger Jahren mit dem Ziel aufgestellt, einen Feind von Anfang an so nachhaltig zu treffen, dass er auf jede Bombardierung verzichtete oder seine Luftangriffe wieder einstellte.[22] Doch die Interpretation des Begriffs «Feind» ließ es praktisch unvermeidlich erscheinen, dass es schon bald nach Beginn eines Krieges zwischen den Großmächten zu einem umfassenden Bombenkrieg kommen musste. 1938 bekundeten die britischen Generalstabschefs ihre Überzeugung, dass Deutschland im Falle eines Krieges «rücksichtslos und bedenkenlos» in der Wahl seiner Mittel sein werde.[23] Das Ausmaß von britischen Luftabwehrmaßnahmen in den Jahren 1938/39 zeigt, wie einhellig die Verantwortlichen (und die Öffentlichkeit) der Meinung waren, bei einem Krieg mit Deutschland käme es sofort zu Luftangriffen und dem Einsatz von Giftgas. Zudem verstärkte die übertriebene Resonanz, die die Zerstörung der spanischen Stadt Guernica durch die deutsche Luftwaffe während des Spanischen Bürgerkrieges in Zeitungen und Wochenschauen fand, die Annahmen über den «totalen Krieg» und unterstrich die Notwendigkeit, Gleiches mit Gleichem zu vergelten.

Dass der potenzielle Feind dämonisiert wurde, bestätigte nicht nur die Theorien über den veränderten Charakter des Krieges. Es erlaubte den liberalen Staaten auch, ohne Skrupel die gleiche Art der Kriegführung ins Auge zu fassen, ging es doch um das Überleben der Nation. Nach der Bombardierung Londons durch Deutschland während des Ersten Weltkrieges glaubte man in Großbritannien, moralische Bedenken gegenüber Angriffen auf die Zivilbevölkerungen könnten in dem Moment fallen gelassen werden, wo der Feind eine bestimmte moralische Schwelle überschritten habe. Diese Einstellung prägte fortan die Auffassung der Air Force über das, was in einem Krieg erlaubt war und was nicht. In den Diskussionen über die Operationen des Bomber Command vor dem Abkommen von München und während der Monate vor Ausbruch des Krieges im Jahr 1939 ging man davon aus, Angriffe auf Deutschland würden von der Regierung erst gebilligt, nachdem die deutsche Luftwaffe Angriffe gegen Zivilisten geführt hätte. Sobald solche Angriffe stattgefunden hätten, sei die RAF, wie es in einem Planungsdokument vom Januar 1940 hieß, «von jeder humanitären Rücksichtnahme befreit».[24]

In den Vereinigten Staaten wurden ähnliche Argumente benutzt. Vor allem gelangte Roosevelt selbst, obwohl er sich in den dreißiger Jahren noch bemüht hatte, die Bombardierung von Zivilisten durch ein internationales Abkommen zu ächten, zu der Auffassung, gegen einen rücksichtslosen Feind müsse man rücksichtlose Mittel einsetzen.

> Gegen nackte Gewalt ist die einzig mögliche Verteidigung nackte Gewalt. Der Aggressor legt die Regeln eines solchen Krieges fest, der Verteidiger hat keine andere Wahl, als auf Zerstörung mit Zerstörung, auf Gemetzel mit noch größerem Gemetzel zu antworten …[25]

1938 war Roosevelt so aufgebracht über die Entscheidung, Deutschland die Besetzung der sudetendeutschen Gebiete in der Tschechoslowakei zu gestatten, dass er am Tag nach dem Münchner Abkommen vor seinem Kabinett den berühmten Ausspruch tat, man hätte Deutschland durch pausenlose Bombenangriffe von Nachbarstaaten aus im Zaum halten können.[26] Wie Michael Sherry gezeigt hat, war Roosevelt, als sich Amerika im Dezember 1941 selbst im Krieg befand, seinem Vertrauten Harry Hopkins zufolge «ein Anhänger der These, das Bombardement sei der einzige Weg zum Sieg». Persönlich war er sogar der Überzeugung, die deutsche Moral werde erst Wirkung zeigen, wenn jede Stadt in Deutschland Bombenangriffen ausgesetzt sei.[27]

Die Bombardierung deutscher Städte, 1940–1945

Bei Kriegsausbruch 1939 vertrat die britische Regierung offiziell die Auffassung, es seien alle Luftangriffe zu vermeiden, bei denen Verluste der Zivilbevölkerung zu befürchten seien. Neville Chamberlain gestattete dem Bomber Command lediglich, Flugblätter über Deutschland abzuwerfen. Die RAF war empört. Nachdem man jahrelang davon ausgegangen war, der Beginn der Feindseligkeit würde augenblicklich zu gegenseitigen Luftangriffen führen, wurde der britischen Luftstrategie nun Zurückhaltung verordnet. Wenige Tage nach Ausbruch des Krieges verlangte der Planungschef des Bomber Command sofortige Aktionen gegen Deutschland, während dieses in Polen kämpfe. Der Schlussabsatz war sehr bezeichnend im Lichte der späteren Offensive:

> Es ist von höchster Bedeutung, dass wir, *wenn* wir Luftoperationen in größerem Maßstabe vornehmen, die Erlaubnis haben, *sie auf die wirksamste Weise und gegen jene Ziele durchzuführen, die Deutschland nach unserer Auffassung am empfindlichsten treffen, unbeeinträchtigt von der unvermeidlichen Tatsache, dass es auch unbeabsichtigte Verluste und möglicherweise schwere Verluste in der Zivilbevölkerung geben wird.* [Hervorhebung im Original][28]

Das Bomber Command wartete darauf, dass Deutschland die Initiative ergriff, doch seine Planung während des «Sitzkrieges» ließ deutlich erkennen, dass man glaubte, den Luftkrieg direkt gegen die deutsche Heimatfront führen zu können, sobald die Erlaubnis endlich erteilt würde. Im September 1939 warnte der stellvertretende Planungschef im Air Ministry vor jedem Versuch der Politiker, einen Vergeltungsschlag dadurch zu verwässern, «dass man Ziele ausschließt, die in den am dichtesten besiedelten Gebieten liegen».[29] Das Bomber Command teilte die verbreitete Ansicht, Hitler-Deutschland sei «politisch korrupt, finanzschwach» und daher für Luftangriffe anfälliger als Großbritannien. Als man auf einer Sitzung des Kriegskabinetts im Oktober 1939 die Luftstrategie erörterte, kam man überein, Luftangriffe Deutschlands, bei denen sich die Gefahr einer (nicht genauer definierten) «entscheidenden Wirkung» abzeichne, durch Luftangriffe zu beantworten, von denen man eine entscheidende Wirkung auf Deutschland erwarten dürfe. Als eines dieser Ziele wurde das Ruhrgebiet vorgeschlagen, «weil es eine Bevölkerung hat, deren Moral einem heftigen Luftangriff nicht gewachsen sein dürfte». Es wurde darauf hingewiesen, dass solche Angriffe nur erlaubt seien, wenn Deutschland eine große Zahl von Zivilisten getötet hätte.[30]

Entgegenkommenderweise erfüllten die Deutschen diese Bedingung in Warschau und später in Rotterdam. Am Tag nach dem Angriff auf die holländische Hafenstadt am 15. Mai 1940 erteilte Winston Churchill, der erst fünf Tage zuvor zum Premierminister ernannt worden war, aber schon lange ein begeisterter Parteigänger der Luftwaffe war, dem Bomber Command endlich die Erlaubnis, mit den Angriffen gegen die deutsche Heimatfront zu beginnen. Wie Roosevelt glaubte auch Churchill felsenfest an die Wirksamkeit von Bombenangriffen, bis ihm später im Krieg die Ungenauigkeit und dürftigen Resultate der frühen Angriffe vor Augen geführt wurden. Nach Frankreichs Niederlage sah Churchill in der Bombardierung die einzige strategische Option, die Großbritannien noch offen stand. In einem häufig zitierten Brief an seinen Vertrauten Lord Beaverbrook vom Juni 1940 heißt es: «Es gibt nur noch eines, was [Hitler] niederwerfen wird, und das ist ein absolut verheerender, vernichtender Angriff durch sehr schwere Bomber von unserem Boden gegen das Kernland der Nazis.»[31] Die Überzeugung verstärkte sich während der deutschen Luftangriffe gegen britische Großstädte im Winter

1940/41, die nach britischer Einschätzung genau die Art von uneingeschränktem Terror darstellten, den man in den dreißiger Jahren so lebhaft beschworen hatte.

Alle verbliebenen Skrupel wegen möglicher Verluste der deutschen Zivilbevölkerung verflüchtigten sich während der Luftangriffe gegen Großbritannien. Churchill veranlasste das Kriegskabinett, den Einsatz von Giftgas gegen deutsche Städte zu erwägen, falls es Anhaltspunkte für den deutschen Ersteinsatz gab. Der Chef des Luftwaffenstabs bereitete Einsatzpläne vor, nach denen Großbritanniens magerer Vorrat an Gasbomben entweder in vier Tagen bei intensiven Angriffen auf deutsche Großstädte abgeworfen oder, mit Bomben großer Sprengkraft gemischt, zwei Wochen lang eingesetzt werden sollte.[32]

Wichtig ist, dass Churchill wie Roosevelt alle Bedenken gegen Angriffe auf die Zivilbevölkerung fallen ließen. Ohne ihre politische Unterstützung der Bombardierung wären die Luftangriffe möglicherweise zugunsten einer direkteren Unterstützung der Truppen zu Lande und zu Wasser eingeschränkt worden. Mehr noch, Roosevelt und Churchill akzeptierten widerspruchslos die These, die Angriffe gegen das deutsche Kernland seien berechtigte Operationen in einem nationalen Überlebenskampf. Als sich die RAF und die American Army Air Forces anschickten, die strategischen Pläne für die Luftangriffe gegen Deutschland zu entwickeln, sahen sie sich daher nicht mehr durch irgendwelche politische Auflagen oder moralische Rücksichten eingeschränkt. Für beide Luftwaffen war die vorrangige Zielsetzung strategische Effizienz, die eigennützige Umsetzung von Strategien, die einen maximalen Beitrag der Luftwaffe zum Sieg bedeuteten.

Infolgedessen wurden Richtlinien entworfen, die zum Ziel hatten, durch die systematische Zerstörung von Industrie, Infrastruktur und Ballungsgebieten die deutsche Kriegsproduktion und öffentliche Moral zu schwächen. Dieses strategische Konzept deckte sich vollkommen mit den seit 1918 vorherrschenden angloamerikanischen Einstellungen.

Im Sommer 1940 begannen die Bomberverbände ihre Operationen zunächst mit dem Befehl, militärische und militärwirtschaftliche Ziele anzugreifen. Doch die Unmöglichkeit, solche Ziele mit der vorhandenen Technologie zu treffen, veranlasste das Air Ministry im

Sommer 1941, wahllosere Angriffe gegen die Moral der Bevölkerung in Deutschland zu billigen und schließlich, eine Woche vor der Ernennung von Harris zum Chef des Oberkommandos des Bomber Command, Luftangriffe gegen deutsche Großstädte gutzuheißen, die dazu bestimmt waren, «die Moral der feindlichen Zivilbevölkerung» zu untergraben und gleichzeitig die Versorgung mit einer Vielzahl von kriegsentscheidenden Industrieprodukten und Waffen zu beeinträchtigen.[33] Das Ministry of Economic Warfare (MEW) stellte eine Liste mit 100 deutschen Industriestädten zusammen, durch deren Zerstörung man glaubte, Deutschland die Möglichkeit zur Fortsetzung des Krieges nehmen zu können. [34]

Am 14. Februar 1942 wurde Harris zum Chef des Oberkommandos des Bomber Command ernannt. Weder hat er die Strategie der so genannten «Flächenbombardierung» entwickelt, noch war er angetan von der Idee, die Moral der Bevölkerung als ein eigenständiges strategisches Ziel zu definieren. Vielmehr verstand er den Luftkrieg als ein Mittel, Deutschlands wirtschaftliche und militärische Macht durch Angriffe auf Industriegebiete und Industriearbeiter so lange zu schwächen, bis die Invasion auf dem europäischen Kontinent nur noch eine reine Säuberungsoperation sein würde. Mit dieser Zielsetzung begannen seine Luftstreitkräfte den systematischen Angriff auf die «100 Industriestädte» (nach den Luftangriffen wurden sie auf der MEW-Liste abgehakt). Doch damit erschöpften sich die Aufgaben der Bomberverbände nicht: Größtenteils unterstützten ihre Operationen die Strategie der Boden- und Seestreitkräfte oder richteten sich gegen bestimmte Zielsysteme (zum Beispiel Öl- oder U-Boot-Industrie).

Bekanntermaßen bedauerte Harris die Aufsplitterung der strategischen Maßnahmen. Seine Ansichten über die Bombardierung deutscher Städte hatten sich in den dreißiger Jahren gebildet, als man nach einer strategischen Umsetzung des Prinzips der nationalen Effizienz suchte. Seiner Meinung nach galt es im modernen Krieg, die wichtigsten Grundlagen für den feindlichen Widerstand zu erkennen und pausenlos anzugreifen, um eine Wiederholung des Stellungskrieges zu vermeiden. Diese Grundlagen waren für ihn die deutschen Industriegebiete. «Angriffe auf Städte sind wie jede andere kriegerische

Handlung nicht zu rechtfertigen, wenn sie nicht strategisch begründet sind. Doch sie sind nur insofern strategisch gerechtfertigt, als sie geeignet sind, den Krieg abzukürzen und das Leben alliierter Soldaten zu schonen.»[35]

Im Laufe des Jahres 1943 erhielt Harris Gelegenheit, seine Rechtfertigungsgründe für den systematischen Angriff auf deutsche Städte in einer längeren Korrespondenz mit dem Air Ministry ausführlicher darzulegen. Es lohnt sich, seine Argumente genauer zu betrachten. Mit gewohnter Unverblümtheit reagierte Harris im Oktober 1943 auf die Propaganda des Air Ministry über Art und Zweck der Luftangriffe. Wenn es dort hieß, es handle sich um gezielte Angriffe auf bestimmte Fabriken, erschien ihm dies als falsche Beschreibung dessen, was seine Bomberverbände tatsächlich taten. Harris verlangte stattdessen das offene Eingeständnis, dass seine Streitkräfte die Aufgabe hätten, «die deutschen Städte und ihre Einwohner auszulöschen». Der «eigentliche Zweck» der Angriffe sei die Zerstörung der wirtschaftlichen und gesellschaftlichen Ressourcen Deutschlands. Er riet dem Air Ministry, die Strategie des Bomber Command folgendermaßen zu beschreiben:

(a) Das Ziel der Combined Bomber Offensive [wie 1943 auf der Konferenz von Casablanca beschlossen] und der Rolle, welche die britischen Bomberverbände dabei übernehmen sollen ... ist die Zerstörung deutscher Städte, die Tötung deutscher Arbeiter und die Zerschlagung des zivilisierten sozialen Lebens in ganz Deutschland.
(b) Es sollte unterstrichen werden, dass die Zerstörung von Gebäuden, öffentlichen Einrichtungen, Transportmitteln und Leben, die Schaffung eines Flüchtlingsproblems von bislang unbekanntem Ausmaß und der Zusammenbruch der Moral an der Heimat- wie der Kriegsfront durch die Furcht vor noch umfassenderen und heftigeren Bombenangriffen akzeptierte und beabsichtigte Ziele unserer Bombardierungsstrategie sind. Keinesfalls sind sie Nebenwirkungen von Versuchen, Fabriken zu treffen.[36]

Das war dem Air Ministry dann doch zu offenherzig. Harris wurde mitgeteilt, die Verwüstungen dürften der Öffentlichkeit nicht als Zweck an sich dargestellt werden, «sondern als die unvermeidliche Begleiterscheinung eines umfassenden Angriffs auf die Mittel und Möglichkeiten des Feindes, Krieg zu führen». Darauf erwiderte Harris, die Unterscheidung erscheine ihm «rein akademisch» – wie wohl auch jedem Leser.

In seiner Erwiderung legte Harris ausführlicher dar, warum die Zerstörung von Industriestädten für ihn strategisch zu rechtfertigen sei.

«Das deutsche Wirtschaftssystem», schrieb er, «mit dessen Vernichtung ich beauftragt bin, *umfasst* Arbeiter, Gebäude und öffentliche Einrichtungen, daher ist es sinnlos zu behaupten, die Auslöschung deutscher Städte sei ‹kein Zweck an sich› … Deutschlands Städte einschließlich ihrer Arbeiterschaft, Gebäude und öffentlichen Einrichtungen sind buchstäblich das Herz des deutschen ‹Kriegspotenzials›. Deshalb werden sie mit voller Absicht angegriffen.» Harris widersprach der Auffassung, die öffentliche Meinung in Großbritannien würde eine solche Offenbarung der wirklichen Absichten nicht akzeptieren «aus Rücksicht auf die sentimentalen und humanitären Skrupel einer unbedeutenden Minderheit».[37]

Weniger Rücksicht nahm das Air Ministry auf die öffentliche Meinung in Deutschland. In einem Flugblatt mit der einfühlsamen Überschrift «Warum wir euch bombardieren», 1942 vom Air Ministry verfasst, aber von Harris unterschrieben, wurde der deutschen Bevölkerung mitgeteilt: «*Wir bombardieren euch und eure Städte, eine nach der anderen und immer fürchterlicher, damit ihr nicht mehr die Möglichkeit habt, den Krieg fortzusetzen.*» Um deutlich zu machen, dass der Bombenkrieg nicht einfach zufällig oder von Rachegefühlen diktiert war, lieferte das Air Ministry die folgende Rechtfertigung, die einiges über die Gründe verrät, warum Großbritannien an der Bombardierung der Städte festhielt:

> Natürlich würden wir lieber eure Fabriken, Werften und Eisenbahnen treffen. Das würde die Kriegsmaschinerie eures Staates am meisten schädigen. Doch fast alle diese Ziele liegen inmitten der Häuser derjenigen, die dort beschäftigt sind … Deshalb treffen wir eure Häuser – und euch –, wenn wir sie bombardieren. Wir bedauern diese Notwendigkeit. Doch dieses Bedauern wird uns nicht aufhalten. Ihr habt es der Welt vorgemacht.[38]

Ein zweites Flugblatt, das ein Jahr später abgeworfen wurde, distanzierte sich von der Idee, die Bombardierungen seien Terrorangriffe, die ausschließlich die öffentliche Moral zum Ziel hätten («Die Terrorangriffe überlassen wir Göring»). Die Bombardierung wurde als eine Strategie der nationalen Abnutzung dargestellt, «systematisch, gründlich und zur vollständigen Zerstörung der [deutschen] Industriezentren bestimmt».[39]

Die Politik der United States Army Air Forces war wie die der RAF aus den theoretischen Diskussionen der dreißiger Jahre erwachsen. Als die amerikanischen Fliegeroffiziere im Spätsommer 1941 aufgefordert wurden, die Pläne für ein langfristiges Beschaffungsprogramm der Luftwaffe zu entwickeln, nahmen sie selbstverständlich an, es handle sich darum, die deutsche Wirtschaft und Infrastruktur systematisch anzugreifen. Das «Grundkonzept», später bekannt als AWPD-1, beschrieb General Hayward Hansell, einer der Autoren, als die «Anwendung der Luftmacht zur Zerschlagung der industriellen und wirtschaftlichen Struktur Deutschlands». Das hoffte man durch Angriffe auf spezifische Zielsysteme zu erreichen, die wichtig für die Kriegsanstrengungen und den «Lebensunterhalt des deutschen Volkes» seien, bis die «Flächenbombardierung ziviler Konzentrationen Wirkung» zeige und die deutsche Moral nachzugeben scheine.[40]

Die Unterschiede zwischen britischer und amerikanischer Bombardierungspolitik werden häufig übertrieben. Die amerikanischen Piloten hielten es zwar für effektiver, am Tage mit gut beschützten Bombern anzugreifen, aber sie teilten die grundlegende Annahme, die Schwächung der industriellen und zivilen Ressourcen Deutschlands würde zum militärischen und zivilen Zusammenbruch führen.

Churchill und Roosevelt waren sich einig, dass sie ihre Anstrengungen im Luftkrieg bündeln müssten. Das Ergebnis war die Combined Bombing Offensive, deren erklärtes Ziel es war, «das militärische, industrielle und wirtschaftliche System Deutschlands progressiv zu zerstören und zu zerschlagen und die Moral des deutschen Volkes so gründlich zu untergraben, dass seine Fähigkeit zu bewaffnetem Widerstand entscheidend geschwächt wird».[41]

In Hinblick darauf, dass die Bombardierungen Arbeiter (und Nichtarbeiter) auch dann töteten, wenn der Angriff bestimmten industriellen oder militärischen Einrichtungen galt, waren die amerikanischen Luftwaffenoffiziere nicht ganz so ehrlich wie Harris. Dafür war teilweise die Überzeugung verantwortlich, die öffentliche Meinung in Amerika sei leichter zur Unterstützung des Luftkrieges zu bewegen, wenn man die offenkundige Zerstörung von Wohngebäuden und zivilen Einrichtungen überging. Und dies, obwohl eine Ausstellung des Bomber Command, die die Zerstörungen in deutschen Städten zeigte und Anfang 1943 nach Washington gelangte, von den Beamten und Politikern begeistert aufgenommen wurde, wie die britische Botschaft berichtete; sogar der Vizepräsident [«vollkommen überzeugt von der Notwendigkeit, Deutschland zu bombardieren»] und der Präsident selbst [im Februar 1943] besuchten sie.[42] Das zweite Argument für «Präzisionsangriffe» war militärische Effizienz: «Bombardierung am Tage ist punktgenaue Bombardierung, geeignet, Fabriken und andere Schlüsselziele zu zerstören», wie General Ira Eaker in Casablanca darlegte.[43] Doch wie die amerikanischen Kommandeure der in Großbritannien stationierten Bomberstaffeln sehr wohl wussten, war diese Genauigkeit unter Kampfbedingungen, bei schlechtem Wetter, gegen deutsche Täuschungsmanöver und aus großer Höhe nur sehr schwer zu erzielen. Die Ergebnisse der Operational Research zeigten noch vor Kriegsende, was britische Untersuchungen schon 1941 und 1942 belegt hatten: Die Genauigkeit innerhalb 300 Metern vom Zielpunkt war gering und unter widrigen Umständen so gut wie nicht vorhanden (nur 5,4 Prozent bei rauchverhangenen Zielen). Tatsächlich wurden die amerikanischen Bomben weit über die städtischen Gebiete gestreut, in denen die ausgewählten Fabriken lagen. Dieses technisch unvermeidliche Ergebnis veranlasste die amerikanische Luftwaffe, von Herbst 1943 an zur direkteren Flächenbombardierung überzugehen, besonders bei schlechtem Wetter. Operational Research ergab im Januar 1944 für «Blind Bombing», dass nur fünf Prozent der Besatzungen bei ihren Abwürfen nicht weiter als acht Kilometer vom vorgegebenen Ziel abkamen. Im Laufe des Jahres 1944 wurden weit mehr Bombenlasten «blind» als «visual» (also mit Sichtkontakt) abgeworfen, und Operational Research erbrachte eine mehr oder minder konstante Trefferquote – Bomben, die innerhalb 300 Metern vom Zielpunkt fielen – von lediglich fünf Prozent.[44]

Tatsächlich waren beide Luftwaffen für großflächige und wahllose Zerstörungen der städtischen Zentren und hohe Verluste in der Zivilbevölkerung verantwortlich. Als im Fortgang des Krieges die technischen Schwierigkeiten – und hohen Verlustraten – anhielten und sich daher die Zielgenauigkeit nicht verbesserte, wurde die amerikanische Luftwaffe angewiesen, Einsätze zu fliegen, die sich kaum von denen des Bomber Command unterschieden. Während der letzten neun Kriegsmonate verstärkten sich die Luftangriffe gegen deutsche Städte noch und erreichten ihren berüchtigten Höhepunkt im Februar 1945 mit dem Bombenangriff auf Dresden durch Einheiten der britischen und amerikanischen Luftwaffe. Dieser Einsatz ging selbst Churchill zu weit, der das Bomber Command anwies, Angriffe zu vermeiden, «in denen es einfach darum geht, den Terror zu verstärken».[45] Harris begegnete dieser Kritik postwendend, indem er erklärte, warum die deutschen Städte auch weiterhin angegriffen werden müssten, obwohl das Land offenkundig kurz vor der Niederlage stand. Dresden selbst bezeichnete er (fälschlich) als «Zentrum der Munitionsproduktion, intakten Regierungssitz und Knotenpunkt für den Verkehr nach Osten», dessen Zerstörung vom SHAEF (Supreme Headquarters Allied Expeditionary Forces) und nicht etwa von den britischen und amerikanischen Kommandeuren der Luftwaffe befohlen worden sei.

Harris verstand Churchills Rüge jedoch als allgemeine Kritik an den Bombenangriffen. Er rechtfertigte die Zerstörung der Städte mit dem Hinweis, dass sie «die deutschen Kriegsanstrengungen entscheidend geschwächt hätten», so geschwächt, dass die alliierten Streitkräfte «unter unwesentlichen Verlusten ins deutsche Kernland vorrücken konnten». Statt für das Ende der Angriffe auf die Städte zu plädieren, meinte Harris: «Je näher Deutschland dem Zusammenbruch ist, desto weniger ist es auch in der Lage, sich zu reorganisieren, um Katastrophen dieser Art zu begegnen.» Die Luftwaffen sollten «verstärkte Anstrengungen unternehmen, um die wenigen Städte auszuschalten, die noch funktionsfähig sind». Abschließend schlug Harris vor, das Schicksal, das man den deutschen Städten bereitet hatte, auch den japanischen zuteil werden zu lassen. «Japan bleibt», schrieb er. «Machen wir seine Städte dem Erdboden gleich – wie in Deutschland – und bahnen wir den Bodentruppen den Weg – wie in Frankreich und Deutschland – oder bombardieren wir nur ihre abseits gelegenen Fabriken und bezahlen wir die Invasion folglich mit drei bis sechs Millionen Gefallenen?»[46]

Da kein Befehl erfolgte, die Bombardierung der deutschen Städte einzustellen, setzten die alliierten Luftstreitkräfte ihre Angriffe bis Ende April 1945 fort. Als man im folgenden Monat ernsthaft mit der Bombardierung Japans begann, wurden ganze Städte ins Visier genommen, weil die Kriegsindustrie in den Ballungsgebieten so verstreut war, dass eine punktgenaue Bombardierung unökonomisch gewesen wäre. Wie die RAF ging auch die United States Army Air Force von Angriffen auf spezifische Zielsysteme zur Zerstörung von Industriestädten über – mit massiven sozialen Verwerfungen und hohen Verlusten in der Zivilbevölkerung.

Der «totale Krieg» hatte seine eigene, unerbittliche Logik. Drei Monate später wurden zwei Atombomben über Japan gezündet, ohne Rücksicht auf die Folgen für die Zivilbevölkerung.

Sowohl 1919 wie 1945 überlegten die westlichen Staaten, die deutschen Luftwaffenangehörigen wegen Verstoßes gegen das Kriegsrecht anzuklagen, weil sie die Zivilbevölkerung bombardiert hatten. In beiden Fällen wurden die Pläne fallen gelassen, weil man befürchtete, in einem solchen Prozess könnten auch die alliierten Bombenangriffe zur Sprache kommen.[47] Dem uneingeschränkten Luftkrieg, wie er von angloamerikanischer Seite geführt wurde, wohnte immer ein Element der Unentschiedenheit inne, was der Grund war, warum in beiden Ländern die Propaganda stets den militärischen oder kriegswichtigen Charakter der angegriffenen Ziele unterstrich. Die offenkundige moralische Äquivalenz zwischen den deutschen Angriffen auf britische Städte und den westlichen Luftangriffen auf Deutschland wurde verschleiert mit dem Hinweis, die Deutschen hätten mit der Bombardierung von Zivilisten begonnen und damit das gültige Kriegsrecht einseitig aufgekündigt.

Anmerkungen

1 Royal Air Force Museum (RAFM), London, Harris papers, H53, Harris an Air Commodore Baker, 11. April 1942.
2 M. J. Davy, *Air Power and Civilization* (London, 1941), S. 148.

3 United States Air Force Academy (USAFA), Colorado Springs, Hansell papers.
4 USAFA, Macdonald papers.
5 Ebd., S. 16.
6 J. Konvitz, «Représentations urbaines et bombardements stratégiques, 1914–1945», *Annales*, 1989 (4), S. 826 f.
7 Public Record Office, London (PRO), AIR 9/8. Siehe auch T. D. Biddle, «Bombing by the Square Yard: Sir Arthur Harris at War, 1942–1945», *International History Review*, 21 (1999), S. 829 für Harris' Ansicht über die Stadt.
8 Zur Luftkriegstaktik im Ersten Weltkrieg siehe insbesondere N. Jones, *The Origins of Strategic Bombing* (London, 1973); J. Morrow, *The Great War in the Air: Military Aviation from 1909 to 1921* (Washington, 1993).
9 PRO AIR 9/8.
10 RAFM, Harris papers.
11 PRO AIR 9/8.
12 PRO AIR 9/39.
13 PRO AIR 9/8.
14 PRO AIR 9/39.
15 RAFM, Harris papers.
16 National Archives, Washington, RG 18/223.
17 PRO AIR 8/251.
18 PRO AIR 9/39.
19 USAFA, Hansell papers.
20 E. P. Russell, «‹Speaking of Annihilation›: Mobilizing for War against Human and Insect Enemies, 1914–1945», *Journal of American History*, (1996), S. 1505–29.
21 USAFA, Macdonald papers.
22 Siehe R. J. Overy, «Air Power and the Origins of Deterrence Theory before 1939», *Journal of Strategic Studies*, 14 (1992).
23 PRO AIR 14/381.
24 PRO AIR 9/422.
25 J. S. Underwood, *The Wings of Democracy: the Influence of Air Power on the Roosevelt Administration, 1933–1941* (College Station, Tex., 1991), S. 170. Roosevelts Ansichten wurden von Lyndon Johnson vor Jungen Demokraten vorgetragen.
26 H. Ickes, *The Secret Diary of Harold L. Ickes* (2 vols, London, 1955), II, S. 469.
27 M. Sherry, *The Rise of American Air Power: the Creation of Armageddon* (New Haven, 1987), S. 95-8. Siehe auch C. C. Crane, *Bombs, Cities and Civilians: American Airpower Strategy in World War II* (Lawrence, Ka., 1993), S. 32–3.
28 PRO AIR 14/194.
29 PRO AIR 9/96.
30 PRO AIR 14/194.
31 W. S. Churchill, *The Second World War* (6 vols, London, 1948–54), II, S. 567.
32 PRO PREM 3 88/3.
33 C. Webster/N. Frankland, *The Strategic Air Offensive against Germany* (4 Bde., London, 1961), IV, S. 143–45.
34 RAFM, Harris papers.
35 RAFM, Harris papers.
36 RAFM, Harris papers.
37 RAFM, Harris papers.
38 RAFM, Harris papers.
39 RAFM, Harris papers.
40 H. Hansell, *The Strategic Air War against Germany and Japan* (Washington D. C., 1986), S. 34.

41 Webster/Frankland, *The Strategic Air Offensive against Germany*, IV, S. 273–83.

42 RAFM, Harris papers, chiffrierte Nachricht, Luftfahrt-Attaché Washington an das Luftfahrtministerium, 11. Januar 1943; chiffriertes Telegramm vom Luftfahrt-Attaché, 20. Februar 1943. Zu Differenzen in der amerikanischen Meinung über das Bomben siehe Crane, *Bombs, Cities and Civilians*, S. 31–41.

43 W. Hays Park, «‹Precision› and ‹Area› Bombing: Who Did Which, and When?», *Journal of Strategic Studies*, 18 (1995), S. 147.

44 Ebd., S. 147–58.

45 RAFM, Harris papers, H 98, Brief von Bottomley an Harris, 24. März 1945.

46 RAFM, Harris an Bottomley, 29. März 1945, S. 2–3. Zur amerikanischen Reaktion siehe Crane, *Bombs, Cities and Civilians*, S. 117. Arnold ermahnte Kritiker der Operation: «Wir dürfen nicht sanft vorgehen. Krieg muss zerstörerisch und bis zu einem gewissen Grad unmenschlich und rücksichtslos sein.»

47 PRO AIR 9/8.

Lothar Kettenacker

Churchills Dilemma

Winston Churchill – ein Kriegsverbrecher, nicht anders als die Hauptangeklagten des Nürnberger Tribunals? Diesen Eindruck muss der Leser von Jörg Friedrichs Buch «Der Brand» gewinnen, obwohl der Autor sich hütet, diesen Vorwurf explizit zu erheben. Wohlweislich war der Bombenkrieg in Nürnberg kein Tatbestand der Anklage, zum einen, weil er vom damaligen Völkerrecht noch nicht als Kriegsverbrechen indiziert war, zum anderen war dieses Rechtsinstrument natürlich ein zweischneidiges Schwert. Aber Jörg Friedrich geht es auch nicht um ein Rechtsurteil, sondern um die moralische Verurteilung eines Mannes, der in den Augen der Welt, zumal der Briten, als Lichtgestalt dasteht, als die zeitgemäße Verkörperung des heiligen Georg, der dem Drachen den Kopf abschlug. Deshalb hat er ihm in seinem Buch einen prominenten Platz auf der Anklagebank zugewiesen. Doch hat jeder Angeklagte ein Recht auf Verteidigung.

Als er seine Memoiren schrieb, sah Churchill noch keine Notwendigkeit, seine Verantwortung für den Bombenkrieg infrage zu stellen. Zu selbstverständlich erschien es ihm und seinen Zeitgenossen, dass das Bombenflugzeug eine legitime, wenn auch brutale Waffengattung darstellte, die sich schließlich auch der Gegner zu Eigen gemacht und als erster eingesetzt hatte. Einige seiner extremen Äußerungen, die Friedrich sozusagen als Vertreter der Anklage zitiert, werden auch in englischen Besprechungen des Buches kommentarlos zitiert. Nun wäre nichts verfehlter, als Churchill mit seinen provokanten Sätzen zum Kriegsgeschehen zu identifizieren, so, wenn er etwa nach einem deutschen Bombenangriff von «castrating the lot» sprach. Ein anderes Mal berichtete er dem Kabinett, Roosevelt und er wünschten sich die Deutschen «fat but impotent» – gemeint war, dass die Entmachtung Deutschlands nicht auch seinen wirtschaftlichen Ruin zur Folge haben sollte, denn «verarmte Nationen» seien schließlich «schlechte Nachbarn». Während die Royal Air Force deutsche Städte in Schutthalden verwandelte, machte sich ein Ausschuss des Schatzamtes im Beisein von Maynard Keynes Gedanken darüber, wie sich ebendieses Land nach dem Krieg ernähren und gleichzeitig Reparationen zahlen sollte. Churchills Äußerungen sind also keineswegs als Handlungsanweisungen, als Führerbefehle an allzu beflissene Erfüllungsgehilfen zu verstehen.

Bevor man über Churchill den Stab bricht, muss man als Historiker versuchen, sowohl das Dilemma zu verstehen, in dem er sich befand, als auch die komplexe Persönlichkeit mit allen ihren Widersprüchen. Dazu ist es hilfreich zu wissen, dass er seinen Memoiren ein Motto vorangestellt hat, das er in den 1920er Jahren für ein französisches Kriegerdenkmal vorgeschlagen hatte: «Im Krieg Entschlossenheit. In der Niederlage trotziger Widerstand. Im Sieg Großmut. Im Frieden guter Wille». Zeitlebens war das die Richtschnur seines Handelns, sein kategorischer Imperativ. Churchill war – und das hat Friedrich zu wenig beachtet – auf eine barbarisch-altmodische Weise ritterlich: Nur als Sieger wollte er sich wieder auf die Gesetze der Humanität besinnen. Und später sollte er dann Morgenthau entgegnen, er halte es mit Burke: Man könne nicht ein ganzes Volk verurteilen.

Aber im Sommer 1940 war eine Mischung aus «Entschlossenheit» und «trotzigem Widerstand» vonnöten. Um diese Zeit hielten zahlreiche konservative Abgeordnete und hohe Beamte den neuen Premier für einen Hitzkopf, einen populistischen Schwadroneur, der den Ernst der Lage verkannte. Der Wille zum Sieg, den Churchill in jenen Monaten immer wieder rhetorisch eindrucksvoll beschwor, war nur glaubwürdig, wenn er Beweise seiner Entschlossenheit lieferte wie den Angriff auf die nichtübergabebereite französische Flotte in Oran oder die frühe Entsendung eines Bombergeschwaders nach Berlin. Im September 1939 hatte der friedfertige Chamberlain das Luftfahrtministerium noch von einer Bombardierung des Ruhrgebietes abgehalten, um nicht massive Vergeltungsschläge der deutschen Luftwaffe zu provozieren; es gab wilde Spekulationen, die eine halbe Million Tote in den ersten beiden Wochen des Krieges befürchten ließen.

Genau ein Jahr später, nach Beginn der Luftschlacht über England, brachte Churchill die strategische Situation mit der ihm eigenen sprachlichen Prägnanz auf den Nenner: Die Flotte könne einem die Niederlage bescheren, die Abfangjäger seien die Rettung, aber allein die Bomber seien geeignet, den Sieg zu gewährleisten. Nachdem sich die Blockade zur See als unwirksam erwiesen und das Expeditionskorps den Kontinent fluchtartig verlassen hatte, war die Bomberflotte in der Tat die einzige Offensivwaffe, die Großbritannien noch zur Verfügung stand. So paradox es klingt: Die Konzentration auf den Bombenkrieg war zunächst mehr ein Ausdruck der Ohnmacht als der Stärke des Inselstaates, der Hitler Trotz bot. Auch das Flächenbombardement bei Nacht war aus der Not geboren: Zu groß waren die Verluste bei Tagesangriffen, die zudem auch keine präzisen Resultate lieferten. Dass die «fliegenden Festungen» der 8. US-Luftflotte gleichwohl trotz anfänglich hoher Verluste bei Tage angriffen, hat zweifellos zu einer gewissen Rivalität unter den Alliierten beigetragen und dann auch dazu geführt, dass die amerikanischen Luftstreitkräfte in Friedrichs Buch eine schonendere Behandlung erfuhren. Einmal losgelassen, waren die Furien des Bomberkrieges nicht mehr zu bändigen, wobei die stetig vorgebrachten strategischen Begründungen diesen Sachverhalt nur kaschierten.

Heute sprechen wir vom «totalen Krieg», und das heißt auch, dass die Bevölkerung von beiden Seiten mit ihrer Führung in eins gesetzt wurde und dafür bestraft werden durfte. Und dies, obwohl die deutsche Bevölkerung ja nie gefragt worden war, ob sie diesen Krieg wollte. Bekanntlich hat es im September 1939 nicht den Anflug von Kriegsbegeisterung gegeben, nur betretenes Schweigen und Fragen. Von britischer Seite wurde den Deutschen ein Veranwortungsbewusstsein unterstellt, für das es in der totalitären Diktatur gar keinen Handlungsspielraum gab. Typisch war die naive Vorstellung, als könne sich «das deutsche Volk», durch den Bombenkrieg zermürbt, gegen seine Beherrscher erheben. Diese Fiktion diente, wie Friedrich nachgewiesen hat, für eine Weile, wenn auch nicht für die gesamte Dauer des Krieges, als pseudorationale Rechtfertigung einer schonungslosen Luftkriegführung. In seinen Memoiren gab Churchill diesen Irrtum zu: Das deutsche Volk hätte doch mehr ertragen, als man ihm zugetraut habe, bedingt durch gut organisierte Hilfsmaßnahmen, strikte polizeiliche Überwachung sowie Disziplin und Mut, wie sie den Deutschen nun einmal angeboren seien.

Indes diente der Bombenkrieg keineswegs nur dazu, die eigene Bevölkerung von der Entschlossenheit ihrer Regierung zu überzeugen, die in den ersten Jahren nur militärische Niederlagen hinzunehmen hatte. Noch wichtiger war die Rücksichtnahme auf den sowjetischen Bündnispartner. Es ist bezeichnend für die Großmachtpolitik Großbritanniens, dass man sich Feinde zulegte, die man nicht ohne die Hilfe anderer besiegen konnte, und Bundesgenossen, denen man nicht wirklich helfen konnte. Die Allianz mit Stalin hatte Churchill intern als eine Art faustisches Bündnis mit dem Teufel beschrieben; jedenfalls soll er gesagt haben, er würde sich auch mit dem Teufel verbünden, um Hitler zu besiegen.

Der ab Frühjahr 1942 mit immer größerem Einsatz von Bombern und Sprengladungen geführte Luftkrieg gegen Deutschland war nicht nur die Antwort auf die zuvor gegen Warschau, Rotterdam, London, Coventry etc. gerichteten Terrorangriffe der Luftwaffe, sondern er war mehr noch – und dieser Aspekt ist von der Forschung zu wenig beachtet worden – die englische Quittung für «Barbarossa», den Überfall der Wehrmacht auf die Sowjetunion am 22. Juni 1941. Noch am gleichen Tag hatte der britische Premierminister in einer Rundfunkrede dem russischen Volk die Hand zum Bündnis gereicht. Er hatte sich damit freilich zugleich in eine gefährliche psychologische Abhängigkeit von Stalin begeben, welche die amerikanische Regierung wohlweislich vermied. Denn fortan wurde er von dem sowjetischen Diktator mit immer drängenderen Forderungen konfrontiert, hatte er doch am 7. Juli alle Hilfe versprochen, «die uns die Zeit, die Geographie und unsere wachsenden Ressourcen gestatten».

Das war stets weniger, als Stalin erwartete. Kaum einer der britischen Militärs gab der Roten Armee eine Chance gegen die Wehrmacht. Vorerst galt es nur, einen Waffenstillstand à la Vichy zu verhindern und den schon verloren geglaubten Krieg wenigstens als Partisanenkrieg aufrechtzuerhalten. Aber Stalin forderte jetzt von seinem neuen Verbündeten, der sich ihm geradezu aufgedrängt hatte, nicht nur Kriegsgerät, vorwiegend Panzer und Flugzeuge, sondern auch Truppen, möglichst 25 bis 30 Divisionen, die entweder über Archangelsk im Norden oder Basra am Persischen Golf herbeigeschafft werden und die russische Armee entlasten sollten. Churchill tat diese Forderung in seinem Schreiben an den britischen Botschafter in Moskau als «physical absurdity» ab, wusste er doch, wie lange es gedauert hatte, zu Anfang des Krieges ganze 10 Divisionen über den Kanal nach Frankreich zu verfrachten. Die Verhandlungen über ein förmliches Bündnis zogen sich fast ein Jahr hin. London kam es bei dem am 26. Mai 1942 endlich abgeschlossenen Vertrag vor allem auf die gegenseitige Verpflichtung an, keinen Separatfrieden mit Hitler oder einer Nachfolgeregierung abzuschließen (damit waren der britischen Regierung praktisch auch die Hände gegenüber dem deutschen Widerstand gebunden). Stalin ging es vor allem um effektive militärische Unterstützung, um die Errichtung einer Zweiten Front. Churchill und seine Stabschefs ließen ihn für eine Weile in dem Glauben, dass damit noch 1942 zu rechnen sei.

Nichts hat die britisch-sowjetischen Beziehungen im Krieg mehr belastet als der aus Moskauer Sicht von den risikoscheuen britischen Stabschefs immer wieder verschobene Angriff auf die Festung Europa. Viele Briten mögen heute die Tatsache verdrängt haben, dass die Wehrmacht in erster Linie von der Roten Armee niedergerungen wurde. Churchill war es nur allzu sehr bewusst, dass den Russen noch nach Stalingrad stets mehr als 150 deutsche Divisionen gegenüberstanden, während die anglo-amerikanischen Verbände in Nordafrika nicht einmal mit einem halben Dutzend deutscher Divisionen fertig wurden. Es hat ihn dieses Missverhältnis innerlich nicht in Ruhe gelassen: Er kam sich im Umgang mit Stalin wie ein militärischer Hochstapler vor.

Für Churchill stellte der Luftkrieg über Deutschland eine Art Kompensation für die über Jahre ausgebliebene Zweite Front dar – eine Ersatzfront, mit der die Russen nicht konkurrieren konnten. Der

U-Boot-Krieg im Atlantik war ein Überlebenskampf, der Großbritannien aufgezwungen worden war wie der deutsche Ostfeldzug den Russen. Aber der Luftkrieg war ihr Beitrag, für lange Zeit ihr Hauptbeitrag in dem Krieg der «United Nations» (Januar 1942) gegen Hitlers Reich. Stalin war außer sich, als er im Juli 1942 erfuhr, dass an eine Entlastungsfront im Westen im Jahre 1942 nicht zu denken war. Der britische Premier sah sich daraufhin genötigt, sozusagen einen Gang nach Canossa anzutreten, um Stalin in Moskau persönlich die Gründe dafür zu erläutern. Dieser zeigte sich zunächst von den Ausführungen des Premiers keineswegs beeindruckt. Die Gesprächsatmosphäre entspannte sich erst, als dieser auf den Luftkrieg gegen Deutschland zu sprechen kam: Man werde nicht nur die Industriezentren, sondern auch die Zivilbevölkerung heimsuchen, um so ihre Moral zu brechen. Zwanzig weitere Städte wie Köln, Lübeck, Düsseldorf u. a. seien bereits ins Visier genommen, mit immer mehr Flugzeugen und immer schwereren Bomben, man sei jetzt im Begriff, 4-Tonnen-Bomben abzuwerfen. Wenn nötig, erklärte Churchill, werde man jedes Haus in nahezu jeder Stadt einäschern. Diese Worte, vermerkt das Protokoll, hatten eine stimulierende Wirkung, und die Atmosphäre wurde zunehmend herzlicher. «M. Stalin smiled and said that would not be bad» («Herr Stalin lächelte und meinte, das würde nicht schlecht sein», L. K.).

Zurück in London, ließ der Premier zusammenstellen und Stalin übermitteln, welche Tonnage die RAF zwischen dem 1. Juli und dem 6. September 1942 über Deutschland abgeladen hatte: 11 500 Tonnen auf Duisburg, Düsseldorf, Saarbrücken, Bremen, Hamburg, Osnabrück etc. etc. Um ihn darauf vorzubereiten, dass er auch 1943 nicht mit der Errichtung einer Zweiten Front in Nordfrankreich rechnen durfte, wurde Stalin regelrecht mit Telegrammen über die Fortschritte der Luftoffensive gegen deutsche Städte bombardiert, oftmals Telegrammen von lakonischer Kürze, so am 2. März 1943: «Letzte Nacht warf die RAF 700 Tonnen über Berlin ab. Angriff erfolgreich verlaufen. Von 302 Bombern verloren wir 19.» Allein für März zählt man sechs Mitteilungen dieser Art. Stalin gratulierte jedes Mal mit stereotypen Wendungen, hatte es aber nicht einmal für nötig befunden, Churchill über das monumentale Geschehen in Stalingrad zu informieren. Als der Generalissimus sich einmal einer etwas pathetischeren Ausdrucksweise bediente und schrieb, die Bombardierung von Essen, Berlin und anderen Industriestädten rufe «das lebhafteste Echo in Millionen Herzen im ganzen Land» hervor, bat ihn Churchill um das Einverständnis, diese ermutigenden Worte an die britischen Flugstaffeln weitergeben zu dürfen.

In der Folgezeit lassen zwar die verharmlosend als «area bombing» bezeichneten Luftangriffe auf deutsche Städte nicht nach, wohl aber die Erfolgsmeldungen nach Moskau. Denn bald kann der Premier über das Vorrücken der anglo-amerikanischen Verbände unter Feldmarschall Alexander in Sizilien und auf das italienische Festland berichten: Eine Zweite Front war errichtet worden, im «weichen Unterbauch» des NS-Imperiums, wenn auch noch nicht die von Stalin geforderte. Das Desaster von Gallipoli im Ersten Weltkrieg, das seine frühe Karriere beendet hatte, saß Churchill tief in den Knochen: Er wollte mit «Overlord», der Invasion des Kontinents, kein militärisches Risiko eingehen; erst mussten genügend amerikanische Truppen und Landungsboote in Südengland versammelt sein. Darüber bestand zwischen ihm und den britischen Stabschefs absoluter Konsens.

Der Luftkrieg ist natürlich auch aus dem populären und von Churchill als Volkstribun stets verstandenen Bedürfnis nach Vergeltung zu verstehen, erst recht nach dem Einsatz der deutschen V-Waffen in den Jahren 1944/45, der ihn veranlasste, den Abwurf von Giftgas, ja sogar der Uranium-Bombe (*Sunday Times* vom 1.12.02) in Erwägung zu ziehen. Aber letztlich hatten für den Premier und seine militärischen Berater die ihm unsinnige Pläne wie die soeben erwähnten, stets auszureden verstanden, strategische Gründe grundsätzlich Priorität. Sie glaubten nicht – wie der Oberbefehlshaber der Bomberflotte Sir Arthur Harris –, auf diese Weise das Reich zur Kapitulation zwingen zu können, aber sie meinten, dem arg bedrängten russischen Bundesgenossen ihren Bündniswert und ihre Bündnistreue beweisen zu müssen. Schließlich mussten die russischen Armeen in den Sommermonaten 1942/43 täglich Verluste von bis zu zehntausend Mann hinnehmen. Besonders deutlich ist dieser Zusammenhang bei dem Angriff auf Dresden Mitte Februar 1945, der nicht zuletzt mit dem schnellen Vorrücken der anglo-amerikanischen Verbände von Westen bei erbittertem Widerstand der Wehrmacht im Osten zu erklären ist. Dass das Bombardement selbst danach nicht aufhörte, hat nicht mehr Churchills Billigung gefunden. In seinem sechsbändigen Erinnerungswerk hat er für die Zerstörung Dresdens – «then a theatre of communication» (so kann man die Ansammlung von Flüchtlingen auch nennen!) – nur einen Halbsatz übrig. Im übrigen muss der Leser den Eindruck haben, als habe die Bombardierung von anderen als kriegswichtigen Industriezentren nur an den Unzulänglichkeiten bei der Zielsuche gelegen.

Verstehen heißt nicht verzeihen und schon gar nicht gutheißen: Kaum ein Historiker ist heute noch bereit, die flächenmäßige Bombardierung deutscher Städte zu rechtfertigen, weder strategisch noch erst recht moralisch. Nicht einmal die offizielle Geschichte der Bomberoffensive von Charles Webster und Noble Frankland aus den sechziger Jahren stellt dieser Seite der Kriegführung ein gutes Zeugnis aus: Die Autoren enthalten sich zwar moralischer Urteile und verlieren auch kaum ein Wort über die deutschen Opfer, aber sie machen aus ihren Zweifeln an dieser die Erwartungen nie erfüllenden und auch für den Sieger äußerst verlustreichen Strategie kein Hehl. Etwa zehn Prozent der Gesamtopfer dieser Form der unmenschlichen Kriegführung waren britische Piloten: 55 000 von ihnen starben einen nicht weniger grässlicher Tod als die Opfer ihrer Bomben.

Nicholas Stargardt

Opfer der Bomben und der Vergeltung

Mit der Bombardierung der Zivilbevölkerung wollte man großes Unheil erzeugen. Und genau das geschah. Tod, Verstümmelung, Verlust der Heimat und des Besitzes, Verwirrtheit und lähmendes Entsetzen waren die Folgen für diejenigen, auf die die Bomben fielen. Nachdem das Bombergeschwader wieder abgezogen war und die Entwarnungssirenen ertönten, sahen sich die Menschen beständig der Gefahr ausgesetzt, dass die Tausende kleiner Brandherde von einem Haus zum nächsten übersprangen, über ganze Straßen hinweg, und sich möglicherweise zu einem Großbrand auswuchsen. Und von Rostock bis Dresden, von Hamburg bis Paderborn von Hildesheim bis Würzburg und Pforzheim wandelten sich die Brände in Feuerstürme, deren intensive Hitze die umliegende Luft ansaugte, bis ein wahrer Orkan daraus wurde, der die Flammen wie ein gigantischer Blasebalg anfachte. Bäume, Gegenstände, Menschen – alles verschwand im Sturm. Asphalt schmolz, eine tödliche Falle für die ins Freie Fliehenden. Wer in den Kellern geblieben war, riskierte zu ersticken, denn die enorme Hitze hatte die Schlupfwinkel zu Öfen werden lassen. Da alles Wasser verdampfte und alles Fett verbrannte, schrumpften die Körper auf Puppengröße zusammen und wurden von den Aufräumkommandos, die sie später fanden, in Eimern eingesammelt.

Während die Luftflotten ihre Flugbahnen zogen, unterbrach das Heulen der Sirenen den Schlaf, Familien torkelten hinunter in überfüllte, beklemmend enge Keller voller Staub und Angstgeruch. Der Gedanke, dass diese Nächte hilflosen, passiven Wartens sich nun ständig wiederholen würden, rief Erschöpfung und Nervenkrisen hervor. Manche blieben wortlos in sich versunken, andere feierten überschwänglich ihr Überleben. Kein Wunder, dass so viele Kinder, die zu Kriegszeiten im Ruhrgebiet groß wurden, die Sirenen als ihre früheste und eindrücklichste Erinnerung bezeichnen.

Jörg Friedrich ist es gelungen, diese Erzählung von Tod und Zerstörung mit seltener Anschaulichkeit und Lebendigkeit wiederzugeben. Indem er Orte und individuelle Erfahrungsberichte miteinander verwebt, erschafft er den Totentanz der deutschen Städte neu. Bewusst wiederholt er dieselben Motive, wenn diese an verschiedenen Orten auftraten, um so eine erfassbare Skala des Ausmaßes der Zerstörung zu erstellen. Und dies ist auch Friedrichs Absicht: Die Wiederholung entsetzlicher Szenen, die unweigerlich derselben Sequenz folgen, ist Teil der Architektur des Buches.

Im Westdeutschland der Nachkriegsjahre wurde das Thema Bombardement durch die Alliierten lange Zeit effektiv nicht erwähnt. Im Osten gehörte es zum Bildinventar des Kalten Krieges, wo Fotos des Dresdner Infernos vom Februar 1945 dazu dienten, unwillige junge Männer von der Notwendigkeit zu überzeugen, ihr Land gegen die angloamerikanische Bedrohung zu verteidigen. In den frühen fünfziger Jahren benutzte die CDU Wahlplakate, auf denen «asiatisch» aussehende Sowjetsoldaten zu sehen waren, um die Wähler in der Bundesrepublik von einer «moralischen» Wiederaufrüstung zu überzeugen. Berichte von russischen Vergewaltigungen breiteten sich bis in Gegenden wie etwa das Ruhrgebiet aus, wo man nie einen Soldaten der Roten Armee zu Gesicht bekommen hatte, wohl aber von den neuen angloamerikanischen Freunden massiv bombardiert worden war, während der Luftkrieg nun von offizieller Seite stillschweigend zu den Akten gelegt wurde. Das Bombardement deutscher Zivilisten lebte nur in lokal begrenzten Erinnerungen weiter, aus denen es während der achtziger und neunziger Jahre allmählich durch eine lokale Heimatliteratur erweckt wurde, die Werke wie Margarethe Dörrs *Frauen im Krieg* hervorbrachte.

Wie bei Anthony Beevors Enthüllungen über die Massenvergewaltigung deutscher Frauen am Ende des Krieges oder Günter Grass' Nacherzählung vom Untergang der *Wilhelm Gustloff* ist auch im Fall von Jörg Friedrichs Darstellung der Bombardierung deutscher Städte die eigentliche historische Aufdeckungsarbeit bereits von anderen erledigt worden. Doch ebenso wenig wie die deutschen Medien nicht bereit waren für eine vollgültige öffentliche Diskussion, als Feministinnen wie Helke Sander das Thema Massenvergewaltigung in *Befreier und Befreite* anschnitten, war auch 1990 ein ungünstiger Zeitpunkt für den DDR-Militärhistoriker Olaf Groehler, um sein maßgebliches Werk *Bombenkrieg gegen Deutschland* zu veröffentlichen, den Gipfelpunkt einer lebenslangen Beschäftigung mit dem Thema. Schon bald wurde Groehlers Buch nicht mehr neu aufgelegt. Als die Bundesrepublik formale Friedensverträge mit ihren östlichen Nachbarn unterzeichnete und dabei sowohl einen Schlussstrich unter den Krieg als auch den Kalten Krieg setzte, wurde buchstäblich das gesamte ostdeutsche akademische Establishment gefeuert und durch Westler ersetzt.

Der literarische Erfolg, den Beevor, Grass und Friedrich in jüngerer Zeit mit diesen Themen haben, fällt mit einer Zeit nach Bosnien zusammen, in der die bundesdeutsche Regierung freier als je zuvor in ihrer Geschichte über militärische und außenpolitische Fragen entscheidet. Wenn sie eine grundsätzlich ablehnende Haltung gegen die amerikanischen Kriegspläne im Irak einnimmt, so kann sie darauf vertrauen, dass Krieg in Deutschland nicht populär ist – und aus gutem Grund. Wir sollten alle genau auf die Erfahrungen derjenigen hören, die bombardiert wurden. Ihre Stimmen haben allzu lange geschwiegen.

Friedrich möchte, dass wir uns den Bombenkrieg als eine Art Massenmord vorstellen. Zu diesem Zweck beschreibt er das Vorgehen der Alliierten mit Begriffen wie «Terrorangriffe», «Massaker», «Vernichtung» und spricht schließlich sogar von der «größten Bücherverbrennung aller Zeiten». Während die ersten drei Termini ihre Wurzeln in Goebbels' Kriegspropaganda haben, drückt der letzte Begriff natürlich aus, dass die Alliierten die Bücherverbrennungszeremonien der Nazis bei weitem übertrafen. Die Bezeichnungen werden indirekt verwendet, werden in den fließenden Strom der Worte eingestreut und können sich so im Gedächtnis des Lesers festsetzen, werden als natürliche, zum Ausdruck der emotional und sensorisch überladenen

Bilderflut dienende Begriffe absorbiert. Bei seinen öffentlichen Auftritten in jüngster Zeit ist Friedrich noch weiter gegangen, hat die Luftschutzkeller mit den zur Erstickung führenden Gasen in «Gaskammern» und die Bomberflotten der Alliierten zu «Einsatzgruppen» mutieren lassen.

Friedrichs Krieg ist ein Krieg zwischen britischen und amerikanischen Bombern und dem deutschen Volk. Und er bemüht sich sehr, Churchill als möglichst rachsüchtig und nachtragend darzustellen, eben als Kriegsverbrecher, dessen Hauptziel es war, so viele Deutsche wie möglich umzubringen. Als der «Blitz» auf dem Höhepunkt war, verbrachte die Royal Air Force die meiste Zeit damit, Flugblätter über Deutschland abzuwerfen. Ernsthafte Planungen für ein Massenbombardement deutscher Städte gab es erst seit 1942. Beide Regimes waren von der Annahme ausgegangen, man könne durch Bombardements den Krieg gewinnen, eine Hoffnung, die beide im Zuge des Hamburger Feuersturms vom Sommer 1943 auch beinahe erfüllt sahen. Erst der unaufhaltsam ansteigende Verlust von Bombern über Berlin und Nürnberg im März 1944 überzeugte die Royal Air Force vom Gegenteil. Dies soll nicht heißen, dass Vergeltung in der britischen Planung keine Rolle spielte: Churchills unerfüllter Wunsch von 1944, Giftgas als Vergeltung für die V-1- und V-2-Raketenangriffe einzusetzen, legen einen anderen Schluss nahe. Doch war dies nicht der einzige und schon gar nicht der Hauptgrund.

Die britischen Bombardements haben noch ein anderes und vielleicht wichtigeres Ziel. Sie dienen als Vorwand für eine zweite Front. Während der Jahre 1941 und 1942 hatte Großbritannien nichts als Niederlagen zu verzeichnen und war weit davon entfernt, seine Versprechungen gegenüber der Sowjetunion zu erfüllen und eine zweite Front aufzubauen. Doch selbst wenn man diese komplexe und von Misstrauen geprägte Allianz beiseite lässt, musste Churchill nach zweieinhalb Kriegsjahren, die die Schmach von Dünkirchen, die Angst vor dem «Blitz» und die Niederlage gegen die Japaner in Singapur und Burma gebracht hatten, zu Hause unbedingt wieder einen Erfolg vorweisen. Vergeltung gegen deutsche Städte im Sinne von Harris' Diktum «Sie haben Wind gesät und werden einen Wirbelsturm ernten» war die Antwort auf Defätismus und die Forderung der konservativen Lobby nach einem separaten Frieden mit Deutschland. Bombardements waren zu Hause populär. Rache, und das wurde nach 1945 so rasch wie möglich vergessen, war auch in Großbritannien Teil der Massenpsychologie eines totalen Krieges. Doch auch sie fiel nur gedämpft aus. Städte zu zerstören war gut und schön, doch die Regierung machte sich große Sorgen wegen der öffentlichen Reaktion auf die Zahl derjenigen, die beim Angriff auf Hamburg ums Leben gekommen waren.

Der Bombenkrieg war nicht nur ein automatisiertes Massaker an unbewaffneten Zivilisten aus einer Höhe, von der die Besatzung die Leute, die sie tötete, nicht sehen konnte. Es war auch ein Krieg zwischen Streitkräften, zwischen Flakartillerie und Flugzeugen, zwischen Nachtjägern und schweren Bombern, zwischen Wissenschaftlern, Planern und letztendlich den Kriegsindustrien beider Länder. Um nur ein Beispiel zu nennen: Die Macht der deutschen Luftwaffe wurde durch den Bombenkrieg gebrochen und konnte infolgedessen Bodentruppen nicht mehr unterstützen, wie diese «fliegende Artillerie» es in der ersten Kriegshälfte so erfolgreich getan hatte. Dies wiederum wirkte sich direkt auf die Geschwindigkeit des Vordringens der Alliierten im letzten Kriegsjahr aus, sowohl an der Ost- wie an der Westfront.

Friedrichs Krieg ist deshalb so fesselnd, weil er so ausschließlich auf eine Sache konzentriert ist, auf die Bombardierung deutscher Zivilisten in den Städten. Die Flakgeschütze, die Schwadronen von Nachtjägern sind kaum zu sehen. Es gibt keinen deutschen Angriffs- und Besatzungskrieg. Es gibt keine Ostfront. Keine Juden, keinen Holocaust. Es gibt auch keinen einzigen Zwangsarbeiter im Reich selbst, wo es doch 1944 siebeneinhalb Millionen waren, sie stellten zwanzig Prozent der Gesamtbevölkerung von Berlin allein, und sehr oft waren sie es ja, die so gefährliche Aufgaben wie das Beiseiteräumen von Trümmern und das Entschärfen von Bomben nach den Luftangriffen übernahmen. In Friedrichs Beschreibungen scheinen nur Deutsche die Bombardierungen erlebt zu haben.

Natürlich weiß Friedrich um diese Auslassungen. Er hat ja selbst an der *Enzyklopädie des Holocaust* mitgewirkt. Dass er Termini wie «Massaker» und «Vernichtung» ganz bewusst verwendet, legt einen

Vergleich mit dem Holocaust nahe. In diesen Begriffen schwingt aber auch das Echo der späten vierziger und frühen fünfziger Jahre mit, als man gewisse Ausdrücke aus Goebbels' Propaganda der Kriegsjahre übernahm und durch das Ressentiment der Nachkriegszeit bestätigt. Die zehn bis zwölf Millionen deutschen Vetriebenen aus Osteuropa, die noch immer ungezählten deutschen Opfer von Vergewaltigungen am Ende des Krieges und die halbe Million Menschen, die bei den Bombardements umkamen, waren von den Verbrechen gegen die Menschheit ausgeschlossen, wie sie bei den Nürnberger Prozessen publik gemacht wurden. Deutsche, die in dieser Sache ihre eigenen Ansichten hatten, neigten wiederum dazu, Nürnberg, um eine Phrase aus jener Zeit zu benutzen, als Symbol einer «Siegerjustiz» zu sehen. In den fünfziger Jahren schlummerte dieses Vokabular allmählich ein, doch es blieb verfügbar. In den achtziger Jahren verwendete Ernst Nolte die sowjetischen Gräueltaten, um den Holocaust zu relativieren, und nun greift Jörg Friedrich auf die Sprache des Holocaust zurück, um Entsprechungen im Bombardement deutscher Zivilisten zu finden.

Diese Entsprechungen können in ihrer ursprünglichen Nachkriegsform wieder auftauchen, und zwar eben wegen jenes Schweigens, weil die Bombardements nie richtig in der Öffentlichkeit diskutiert wurden. Aber sie werden auch dem deutschen Leid nicht wirklich gerecht. Es ist, als würde individuelles Leid nur deshalb evoziert, um die Skala historischer Schuld zu verändern, als könne man unterschiedliche Arten des Gemetzels sammeln, bemessen, einteilen und dann gegeneinander aufrechnen, so wie man es mit finanziellen Schulden tut.

Die Alliierten mögen beschlossen haben, sich mit einem brutalstmöglichen Angriff auf deutsche Zivilisten für das deutsche Bombardement polnischer, holländischer und britischer Städte zu rächen, doch war das Töten von Zivilisten nicht ihr vordringliches strategisches Ziel: Sie versuchten noch immer, Deutschland zu besiegen. Die Juden, die in der Ukraine und in Litauen ihre eigenen Massengräber schaufeln mussten und die in die Gaskammern von Belzec, Sobibor, Treblinka und Auschwitz geschickt wurden, finden auf der Skala deutschen Leids keine Entsprechung. Und selbst wenn dem so wäre, was würde eine solche Bilanz uns über die Erfahrung des Ausgebombtwerdens lehren?

Es besteht hier nicht nur die Gefahr, den Holocaust zu trivialisieren und zu relativieren. Ebenso groß ist die Gefahr, die Erfahrung des Bombenkrieges zu trivialisieren und zu verfälschen, indem man sie nämlich in die allgegenwärtige Sprache unschuldigen Leidens und passiven Märtyrertums verpackt. Die Juden, als *der* vermeintliche Kriegsfeind schlechthin, mögen tatsächlich eine gewaltige bewaffnete Bedrohung in den Augen der Naziideologen dargestellt haben, doch in Wirklichkeit waren sie – und haben dies zu dem Zeitpunkt auch so empfunden – hilflose, unbewaffnete Opfer, ihrem Schicksal ausgeliefert. Fühlten sich deutsche Zivilisten wie die Juden?

Von zentraler Bedeutung für unser Verständnis der öffentlichen Haltung in Deutschland zu den Bombardements ist die Frage der Passivität und der Hilflosigkeit. Es war eine Sache, sich in einem Luftschutzkeller hilflos zu fühlen, während die Häuser bei einem Bombenangriff erzitterten und einstürzten. Etwas ganz anderes war es jedoch, zu spüren, dass *Deutschland* hilflos war. Dies war erst der Fall, als die deutsche Luftwaffe, die Flak und die Wehrmacht besiegt worden waren. Für Zivilisten in den Groß- und Kleinstädten, die den alliierten Bomben zum Opfer fielen, kam dieser Augenblick erst im Herbst 1944 und im Winter und Frühling 1945. Erst in dieser letzten Phase des Krieges war die Intensität der Bombardements am größten, waren die Verluste menschlichen Lebens am höchsten. Und erst da, zum ersten Mal seit 1934, begann das Naziregime die eigene Bevölkerung zu terrorisieren und zu zwingen, den Krieg bis zum Ende fortzuführen.

Doch während der entscheidenden mittleren Phase des Krieges, vom Überfall auf die Sowjetunion im Juni 1941 bis zur Landung der Alliierten am D-Day drei Jahre später, empfand sich die deutsche Bevölkerung insgesamt nicht als hilflos angesichts der britischen und amerikanischen Bomben, obwohl doch genau während jener Zeitspanne die Engländer ihm die größte strategische Bedeutung beimaßen.

Die Sprache hilflosen und passiven moralischen Leidens, die so leicht zu den Motiven der christlichen Märtyrerlehre, der Erlösung und dem nationalem Wiederaufbau führt, kam erst mit dem Zusammenbruch des Dritten Reichs auf. Erst da erreichte deutsche «Opferbereitschaft» den Status eines populären Mythos, der verdeutlichen sollte, wie das deutsche Volk durch Nazipropaganda irregeleitet worden war und wie ein perverses Zusammenwirken von Naziextremisten und dem Terror der Alliierten gegen wehrlose Zivilisten es zerstört hatten. Dies war die *vox populi* von Friedrichs Kindheit, und daher ist es vielleicht nicht derart überraschend, dass sie nun auch seine Darstellung des Bombenkrieges beeinflussen würde.

Doch während der meisten Zeit des Bombenkrieges wusste die deutsche Bevölkerung, dass ihre Regierung noch über massive militärische und strategische Reserven verfügte, und erwartete, dass sie in Aktion trat und Vergeltung übte, ganz wie die Mehrheit der britischen Bevölkerung Vergeltung gegen die Deutschen für den «Blitz» erwartete. Man wollte kein Opfer sein, sondern eines bringen: Wie nie zuvor diente die Doppelbedeutung des Wortes als Aufruf zu den Waffen.

Es ist wohlbekannt, dass Goebbels auf die deutsche Niederlage bei Stalingrad mit einer zunehmend schrillen und pessimistischen Propaganda antwortete, indem er die Massengräber polnischer Offiziere benutzte, die in Katyn und Vinnitsa erschossen worden waren, um die Bevölkerung zu Hause vor den Grausamkeiten zu warnen, die «jüdischer Bolschewismus» bewirkte, so er es könnte. Als im März 1943 die Bombardements auf das Ruhrgebiet durch die Royal Air Force begannen, startete Goebbels parallel dazu eine Propagandakampagne über die «neuen Waffen», die dem Reich die Vergeltung an den Briten ermöglichen sollten. Der Feuersturm, der am 27. Juli in Hamburg ausbrach, führte nicht nur zu 35 000 bis 41 000 Toten und machte 900 000 Menschen obdachlos. Er schuf auch eine panische Stimmung, die sich sowohl innerhalb des Naziregimes als auch in der Gesamtbevölkerung ausbreitete. Die «Vergeltungs»-Propaganda wurde intensiviert, mit dem Ziel, weitverbreitete Furcht in ein allgemeines Hassgefühl umzumünzen. Doch die Berichte der Geheimpolizei über die öffentliche Meinung begannen ein hohes Maß an Unsicherheit zu verzeichnen, ob Deutschland den Krieg immer noch gewinnen und wann die versprochene Vergeltung endlich erfolgen würde.

Am 8. November, am Vorabend des zwanzigsten Jahrestags von

Hitlers Putschversuch, wurde im Radio eine der letzten Ansprachen des Führers an das deutsche Volk übertragen. Zu diesem Zeitpunkt war er die einzige wichtige Figur, deren Reputation unbefleckt geblieben war und die noch Einfluss auf die öffentliche Meinung hatte. Die Straßen leerten sich, denn um Viertel nach acht sollte die Übertragung beginnen. Die Leute wollten beruhigende Worte, vor allem aber eine Bestätigung hören, dass England tatsächlich durch neue Wunderwaffen besiegt würde oder dass zumindest bald Rache genommen würde. Voller Freude und Erleichterung klammerten sie sich an die reichlich vage Aussicht auf einen Vergeltungsschlag gegen Großbritannen. «Wenn der Führer das sagt, glaube ich es auch. Der Tommy wird sein Fett schon kriegen …», gab ein Sicherheitsdienstagent wieder, während ein anderer Spitzel für die SD zu berichten wusste: «Ein Versprechen aus dem Munde des Führers wiege schwerer als alle Erklärungen in Presse, Rundfunk und Kundgebungen der Partei …»

Zehn Tage später begann die Royal Air Force ihre fünfmonatige Bombenkampagne gegen Berlin, der entscheidende Punkt in Arthur Harris' Plan, Deutschland bis zum 1. April 1944 zur Kapitulation zu zwingen. Keine sieben Wochen nach Hitlers Rede wurde nun jedwede von seinen Worten geweckte Hoffnung unter der Tonnage hochexplosiver Bomben und Brandbomben begraben und von der Aussicht auf das dritte eisige Weihnachtsfest für die an der Ostfront biwakierenden Soldaten zunichte gemacht. Eine neue Serie von politischen Witzen alarmierte die Agenten des Sicherheitsdienstes, die sie Ende Dezember 1943 niederschrieben. Einer lautete:

Dr. Goebbels wurde in Berlin ausgebombt. Er rettet zwei Koffer auf die Straße und geht dann noch mal ins Haus, um andere Sachen zu bergen. Als er wieder herauskommt, sind die beiden Koffer gestohlen worden. Dr. Goebbels ist sehr unglücklich, weint und klagt. Als man fragt, was denn so Wertvolles in den Koffern gewesen sei, antwortet er: ‹In dem einen war die Vergeltung und in dem andern der Endsieg!›

Obwohl deutsche Raketen passenderweise das Kürzel «V» (Vergeltung) trugen, hatte sich, als am 17. Juni 1944 die erste V-1 Südengland traf, jegliche Hoffnung, die man auf sie gesetzt hatte, zerstreut, und zwar sechs Monate zuvor. Die Landung der Alliierten am D-Day hatte bereits stattgefunden, und im Osten wurde die Wehrmacht nach Polen zurückgedrängt.

Es ist einfach, das Scheitern von Goebbels' Vergeltungspropaganda als eine Ablehnung der Kriegspropaganda der Nazis ganz allgemein anzusehen. Es wäre jedoch ein Fehler. Die Vergeltung enttäuschte vor allem deshalb, weil sie keine Gestalt annahm. Stattdessen wurden die Plagen des Krieges immer deutlicher, und die gesellschaftliche Solidarität begann von innen her zu bröckeln. Bereits bombadierte Städte sahen voller Erbitterung auf jene, die verschont geblieben waren, die Arbeiter im Ruhrgebiet wünschten sich, dass die Flugzeuge Berlin heimsuchten, die Berliner dagegen sagten 1944 ihren Dresdner Freunden, sie sollten einmal erleben, was es bedeute, ausgebombt zu werden. Evakuierte und Ausgebombte konkurrierten mit denjenigen, die man zwang, sie aufzunehmen. Apathie, Erschöpfung und Sorge um das eigene Wohlergehen verdrängten allmählich jegliches soziales Verantwortungsgefühl. Unter diesem Gesichtspunkt muss die Nazipropaganda vom Ideal der Opferbereitschaft und von der Solidarität der Volksgemeinschaft ebenso hohl geklungen haben wie das Gerede von der «Wunderwaffe» und vom «Endsieg». Im Gegensatz dazu tauchen immer häufiger in privaten Briefen und Tagebüchern diejenigen Parolen auf, die nicht mehr verlangten als das, was die Zivilbevölkerung ohnehin tun *musste*, nämlich unter den «Terrorangriffen» «durchhalten».

Nach den Bombenangriffen mussten sich die Menschen wohl oder übel mit ihren unmittelbaren Nachbarn arrangieren, damit diese ihre persönliche Habe gegen Diebstahl verteidigten, ein Risiko, das diejenigen, die den Witz über Goebbels erzählten, sehr wohl erkannten. Doch obwohl jeder ausserhalb der Hausgemeinschaft in den Augen des anderen ein potenzieller Dieb war, schauten alle mit größtem Argwohn auf jene Strafbrigaden herab, die Blindgänger entschärfen und Trümmer wegräumen mussten.

Als Gefangener im Konzentrationslager Neuengamme wurde Alexej Antonowitsch Kutko mit dieser neuen Gefahr bekannt gemacht:

> Als Hamburg bombardiert worden war, wurden Häftlinge zum Aufräumen nach Hamburg geschickt. Und wenn ein Häftling da dann eine Packung Streichhölzer oder ein Stück Käse aufhob und das herauskam, dann wurde er auf dem [Appell-]Platz erhängt. Das ganze Lager wurde in Reih und Glied aufgestellt. [Der Galgen] wurde errichtet – und man hängte ihn …

Dies taten nicht nur die SS und die Polizei. Während der letzten Kriegsmonate, als die alliierten Armeen ins Herz des Dritten Reichs vordrangen und britische und amerikanische Bomber so viel zerstörten wie in den vier voraufgegangenen Jahren zusammen, wuchsen sowohl das Gefühl der Verzweiflung als auch der Rachedurst. Schon der bloße Verdacht auf Plünderung nach einem Bombenangriff wurde zur Lizenz zum Töten. Am 14. Oktober 1944 stellte der Duisburger Volkssturm einen «verdächtig aussehenden» Russen, der in einer Aufräumbrigade arbeitete, auf offener Straße an eine Mauer und erschoss ihn, weil das Gerücht umging, einige russische Kriegsgefangene hätten Marmelade im Keller eines nahe gelegenen Hauses gegessen.

Eines der Probleme, die Goebbels bei der anti-englischen Propaganda seit 1938 zu schaffen gemacht hatten, war die Anglophilie in den 1920er Jahren und den ersten Jahren des Naziregimes. Englisch wurde weiterhin an deutschen Schulen unterrichtet, und Shakespeare blieb lange der meistaufgeführte Dichter. Goebbels' Lösung für die natürliche Begrenztheit einer antienglischen Stimmung war, dass er nicht die Nation anklagte, sondern ihr Klassensystem: George Orwells Essays ließen sich praktischerweise von beiden Seiten für Kriegspropaganda einsetzen.

Im Mittelpunkt der Kampagne gegen britische und amerikanische «Plutokratie» stand das Bild des Juden, das alleinige, alle einigende Bild der gesamten Nazipropaganda in den letzten beiden Kriegsjahren. Im Frühjahr 1943 verlegte Goebbels sich auf pessimistische, von Grausamkeiten geprägte Propaganda. 70–80% der Radioansprachen waren der Judenfrage gewidmet, der jüdischen Schuld, die den Krieg verursacht hatte, und dem Schicksal, das Deutschland erwartete, sollten die Juden sich rächen. Sowohl Katyn als auch die Bombardements wurden in dem allumspannenden Epithet des «Judenkrieges» amalgamiert.

Dies dürfte die Leute den wenigen Juden gegenüber, die sie noch persönlich kannten, nicht feindseliger gestimmt haben. Ohne die vielen Gefälligkeiten, die ihm in der Fabrik, in der er arbeitete, zuteil wurden, hätte Victor Klemperer wohl kaum in Dresden überleben können. Wenn er durch die Stadt ging, war es etwas anderes, es war ein Spießrutenlaufen zwischen kleinen Jungen, alten Männern, Hausfrauen und Soldaten auf Urlaub hindurch. Doch die Nachrichten von Bombenangriffen zerstörten auch individuelle Freundschaften und ließen die Leute über den abstrakten «jüdischen Feind» nachdenken, der so viel Elend verursacht hatte. Der nette Vorarbeiter, ein Veteran des Ersten Weltkrieges, sagte am 12. März 1944, als er erfuhr, Klemperer habe seinen Lehrstuhl an der Universität verloren, nur weil er Jude war, «das ist nicht recht». Aber eine Woche später machte er sich die Idee von den jüdischen «Milliardären» zu Eigen, als er hilflos nach einem Grund suchte, um Klemperer das neueste, sinnlose Bombardement Hamburgs durch die Amerikaner zu erklären.

Später, als er die *Lingua tertii imperii* schrieb, führte Klemperer viele Begebenheiten dieser Art an, um zu erläutern, wie das Konzept des Krieges als «jüdischer Krieg» in die Überlegungen des Alltagslebens absorbiert worden war und von denen wiederholt wurde, die nicht Nazis waren oder dem Regime sogar äußerst kritisch gegenüberstanden. Im Februar 1945 war Klemperer einer der wenigen noch in Dresden verbliebenen Juden. Als der Feuersturm begann, sah sogar dieser gesetzestreue deutsche Professor ein, dass er, sofern er nicht den gelben Stern abriss und so tat, als sei er ein ausgebombter Arier, mit an Sicherheit grenzender Wahrscheinlichkeit auf der Straße ermordet würde, sollte er die Bombenangriffe unbeschadet überlebt haben.

Es existieren noch einige an Goebbels gesandte Briefe aus dem Zeitraum Mitte 1944, in denen das Regime angehalten wird, die Juden als menschliche Schilde innerhalb der deutschen Städte zu benutzen – dabei waren sie ja längst deportiert worden – und die Zahl der dabei getöteten Juden zu veröffentlichen. Irma J. wandte sich «im Sinne aller deutschen Frauen und Mütter und der hier im Reich lebenden Familien» an Goebbels und verlangte: «... sollen und müssen für jeden deutschen Menschen 20 Juden, ganz gleich, von wo sie hergeholt werden, in diesem Ort erhängt werden, in dem unsere wehrlosen und kostbaren deutschen Menschen von den Terrorfliegern feige und bestialisch gemordet worden sind». Auch sie gestand, wie hilflos sie sich in Berlin fühlte: «weil uns gar keine andere Waffe zur Verfügung steht. Heil Hitler, Irma Janke». K. von N. vertrat dieselbe Meinung und fügte hinzu: «Das hat dabei den Vorteil, dass wir bei der Vergeltung unsere Flieger nicht der Gefahr auszusetzen brauchen.» – «Sie sollen sehen», schlussfolgert er, «wie rasch der Terror aufhört!»

Das Gefühl der Hilflosigkeit und Verletzlichkeit, das diese mörderische Wut nährte, kommt vielleicht am besten in einem anderen Brief aus Berlin zum Ausdruck, den Georg R. am 1. Juni 1944 schrieb. Obenan stand:

Ich empfange meine Briefe postlagernd, weil ich inzwischen einmal ausgebrannt und zweimal ausgebombt wurde.

Zweiter Teil meiner Darlegung vom 4. 6. 43:
Keine Vernichtung des deutschen Volkes
und des deutschen Landes
sondern
gänzliche Vernichtung der Juden

Georg R. erinnerte den Reichsminister an seinen Brief vom Jahr zuvor. Doch er wollte nun nicht mehr alle Juden aus den mit Deutschland alliierten Ländern vertreiben. Stattdessen propagierte er: «Demzufolge schlage ich vor, dass durch eine Volksabstimmung ad hoc und anschließend veröffentlicht wird, dass wir ab sofort in England keinerlei Städte oder Ortschaften mehr angreifen und demzufolge auch die Feinde unsere Städte nicht mehr angreifen dürfen … Sollten die Feinde es dennoch wagen, auch nur eine unserer Städte oder Ortschaften … anzugreifen, dann werden wir 10 000 oder 20 000 oder 30 000 Juden rücksichtslos erschießen lassen.»

Der Grundbegriff vom «jüdischen Krieg» konnte sogar von denjenigen übernommen werden, die keine derartige Rache an den Juden wollten. In München, Essen, Hamburg und Kiel mehrten sich Stimmen, die das Bombardement der Alliierten der Behandlung der Juden durch die Nazis zuschoben. Am 2. September 1943 fühlte sich der *Stuttgarter NS-Kurier* verpflichtet, öffentlich das Argument zu widerlegen, die jüdische Weltöffentlichkeit hätte Deutschland nicht bekämpft, hätte es die Judenfrage nicht so radikal gelöst. Seit 1941 hatte Hitlers Prophezeiung, im Falle eines Weltkrieges würden die Juden vernichtet, ein abstraktes Gefühl für die Morde entstehen lassen, für das die inoffziellen Berichte über Massenerschießungen allzu spezifische Details lieferten. Doch sogar diese kritischen und unglücklichen Bürger, die selbst das, was sie über den Holocaust wussten, zutiefst abstoßend fanden, glaubten doch, dass die Kriegsanstrengungen der Alliierten in der Tat von den Juden oder zumindest für sie gesteuert wurden. Auch in den Augen dieser Menschen war Deutschland zu einer «Schicksalsgemeinschaft» geworden, von Leuten, die nolens volens aneinander gefesselt waren, weil alle Brücken hinter ihnen abgebrannt waren. Obwohl sie gegenwärtig die immer häufiger verhängte Todesstrafe wegen defätistischer Reden fürchteten, fürchteten sie doch auch die zukünftige Bestrafung, die eine Niederlage bringen sollte.

Als seine politischen Strukturen am 8. Mai 1945 endgültig zusammenbrachen, hatte sich viel von dem rassistischen und moralischen Gedankengut des Nazismus tief in die deutsche Gesellschaft eingegraben, bis hin zu der Art und Weise, wie sich Privatpersonen, die dem Regime nicht besonders wohlwollend gegenüberstanden, über Verbrechen, Sexualität, die Kriegsschuld, den Schwarzmarkt, russische «Horden» und fremde «Vertriebene» äußerten. Obwohl das Regime es von Beginn an darauf abgesehen hatte, die Wertvorstellungen seiner Bürger zu verändern, waren es nicht seine Erfolge, sondern seine Niederlagen, die bei diesem Prozess die entscheidende Rolle spielten. Während Hitler sich nach dem Anschluss Österreichs und der Zerschlagung der Tschechoslowakei in München im Glanze seines Ruhms sonnte, verurteilten viele Deutsche die Gewalt und Zerstörung der sich daran anschließenden Novemberpogrome gegen die Juden.

Die moralische Brutalisierung der Gesellschaft entsprang Ereignissen, die das Vertrauen in offizielle Nachrichten, zur NSDAP, zu ihren Anführern und schließlich zu Adolf Hitler selbst unterminierten. Erst im Schlamm der Ostfront und in den Trümmern der deutschen Städte wurde die deutsche Gesellschaft mehr als je zuvor in ihren moralischen Werten nazifiziert und brutalisiert. Erst jetzt passten die apokalyptischen Prophezeiungen – das «Alles oder nichts» – der Nazirhetorik auf die Ereignisse und wurden von großen Teilen der Bevölkerung todernst genommen. Gerade als das Naziregime an Popularität einbüßte, sickerten Elemente seiner moralischen und rassistischen Grundstruktur in das allgemeine Bewusstsein der Leute, die auf die Sirenen und auf Nachrichten von Verwundeten an der Front warteten.

Dies war sicher nicht die Welt, wie sie den Nazianführern vorgeschwebt hatte. Sie wollten ebenso wenig slawische «Untermenschen», die in Deutschland lebten und arbeiteten, wie sie sich wünschten, dass deutsche Städte ausradiert würden. Doch es war eine Welt, in der die Denkart der Nazis im Alltagsleben einen beinahe idealen Nährboden fand, dank der Mischung aus öffentlichen Schlagworten und privaten Wünschen, aus familiären Überlebensstrategien und offiziellen Regelungen. Und es war just in der neuen apokalyptischen Welt der deutschen Städte – ebenjenem Terrain, auf dem der Nazismus in den 1930er Jahren am schwächsten gewesen war –, in der nun die unbekümmerte Brutalität der Nazis zur alltäglichen Normalität wurde.

Dies stoppte jedoch nicht die Aushöhlung der Gesellschaft von innen her, die Lockerung der Bande der Solidarität und des Vertrauens, was dazu führte, dass die Deutschen in der Niederlage vor allem mit sich selbst beschäftigt waren. Hassbekundungen waren ein wesentlicher Bestandteil des Prozesses. Die Juden und die russischen Zwangsarbeiter zu hassen tröstete einen nicht über Bombenangriffe oder immer größere militärische Verluste hinweg. Gegen Ende des Krieges waren die Zwangsarbeiter und die Juden nicht mehr als ein Ersatz für einen Feind, dessen man nicht mehr habhaft werden konnte. Wir müssen ihre Rolle hier erörtern, weil die deutsche Stadtbevölkerung eben nicht in einer hermetisch abgeschlossenen Gesellschaft lebte. Sie war nicht uninformiert über den Massenmord an den Juden, und sie war auch nicht gleichgültig gegenüber dem Krieg im Osten, den Hungersnöten und den «toten Zonen», welche er über die sowjetische Zivilbevölkerung brachte.

Wir leben in einer Gesellschaft, die gesättigt ist mit befreienden Botschaften über das Leid. Sei es die Geschichte der schwarzen Sklaven in den Vereinigten Staaten oder die der Überlebenden des Holocaust – dank der Hollywoodversion der Geschichte können wir uns mit dem unverdienten Leid anderer identifizieren. Wenn wir dies tun, übertragen wir instinktiv *unsere* Gefühle und Werte auf sie. Es ist viel schwieriger, *ihre* Gefühle und Ansichten nachzuempfinden. Wenn wir wirklich die historischen Dimensionen des Leids begreifen wollen, sollten wir oberflächliche Vorstellungen von Unschuld, Märtyrertum und Erlösung beiseite lassen und stattdessen dem Entsetzen und dem Schmerz, dem Kummer und der Wut ins Antlitz blicken. Jörg Friedrich hat dies zur Hälfte getan, doch eben weil er seinen Fokus auf die Bombardements reduziert, ist sein Bild nur ein Halbbild, welches das Leid zu Pathos gerinnen lässt.

Wenn es hier eine zeitgenössische Botschaft gibt, dann die, dass unter gewissen Umständen die Schlagkraft der Luftwaffe strategisch entscheidend sein *kann* – so wie Atombomben Japan im August 1945 zur Kapitulation gezwungen haben –, dass es aber nicht möglich ist, eine Bevölkerung durch Bomben zu Liebe und Tugend zu erziehen. Ganz im Gegenteil.

Mark Connelly

Die britische Öffentlichkeit, die Presse und der strategische Luftkrieg gegen Deutschland, 1939–1945

Im Zweiten Weltkrieg hat sich keine andere Krieg führende Nation ihre Bomberverbände so viel kosten lassen wie Großbritannien. Das Bomber Command verlangte einen hohen Preis an Geld und Blut. Len Deighton schätzt, dass 1943 jeder Luftangriff etwa eine Million Pfund verschlang.[1] 1945 hatte die Royal Air Force (RAF) mehr als eine halbe Million deutsche Zivilisten getötet, 3,37 Millionen Wohngebäude zerstört, das deutsche Eisenbahnnetz weitgehend lahm gelegt und Millionen Quadratmeter Industrieanlagen dem Erdboden gleichgemacht. Doch dafür hatte das Bomber Command mit dem Leben von 55 000 britischen, aus dem Commonwealth stammenden und alliierten Soldaten bezahlt. Und um den Konflikt zu beenden, war die Invasion von Bodentruppen im Osten und im Westen erforderlich. Die Bomber wurden zum Symbol der britischen Kriegsanstrengungen, mit der Avro Lancaster als Inbegriff des Volkskrieges, denn um sie zu bauen, instand zu halten, zu bewaffnen und zu fliegen, war das Geschick Tausender Männer und Frauen vonnöten.[2]

Dieser Artikel beschäftigt sich mit dem Verhältnis zwischen der britischen Öffentlichkeit einerseits und dem Bomber Command und dem strategischen Luftkrieg gegen Deutschland andererseits. Warum haben die Bomberverbände in Großbritannien eine solch außergewöhnliche Rolle gespielt? Inwieweit hat die britische Öffentlichkeit die Bomberstrategie ihres Landes überhaupt zur Kenntnis genommen und gutgeheißen? Um diese Frage zu beantworten, müssen wir betrachten, welche Informationen den britischen Bürgern damals von Presse und Wochenschauen zugänglich gemacht wurden. Wie war das Bild des Bomber Command in Presse und Wochenschau und in welcher Weise spiegelte sich in den Medien die öffentliche Einstellung zu den Bomberverbänden wider? Denn was auch immer nach dem Krieg geschah: Die britische öffentliche Meinung zwischen 1939 und 1945 stand fest hinter dem Luftkrieg gegen Deutschland.

Eine Untersuchung, die sich mit den Reaktionen der britischen Öffentlichkeit beschäftigt, ist deshalb so notwendig, weil die meisten Historiker, die sich mit dem Bomber Command befassten, diese Frage ausgeklammert haben. Diejenigen, die die Einstellungen zur Strategie des Bomber Command untersucht haben, konzentrierten sich auf die Teile der Bevölkerung, die protestierten, und werteten die Auffassungen einer kleinen geistigen und geistlichen Elite unter Führung von Bischof George Bell aus Chichester, Vera Brittain und George Bernard Shaw als repräsentativ für die Nation als ganze.[3]

Die Presse als Maßstab oder Barometer der öffentlichen Meinung zu verwenden ist natürlich nicht unproblematisch. Der Umstand, dass drei Millionen Menschen den *Daily Mirror* gekauft haben, sagt nicht viel darüber, wie viele die Titelgeschichten tatsächlich gelesen haben, mit ihnen einverstanden waren und sich von ihnen beeinflussen ließen.[4] Trotzdem lässt sich nicht leugnen, dass die Presse ein wichtiges Instrument der Massenkommunikation war. Die Jahre zwischen 1920 und 1947 waren für die britischen Zeitungen goldene Zeiten, in denen sie sich eine große Leserschaft sicherten und gewaltige tägliche Verkaufszahlen erzielten.[5] Damals – wie heute – ließ die Wahl der Zeitung wichtige Rückschlüsse auf Schichtzugehörigkeit, Identität und Bildungsstand zu. Ross McKibbin hat gezeigt, in welcher Weise Identität und Zeitungslektüre zusammenhingen und dass der *Daily Mirror* während des Zweiten Weltkrieges zum bevorzugten Blatt der Soldaten wurde. Der *Daily Mirror* war eine traditionelle Arbeiterzeitung und setzte sich entschieden für die konsequente Fortsetzung des Krieges ein, eine Haltung, die den ungeteilten Beifall der eingezogenen Soldaten und der Beschäftigten in der Rüstungsindustrie fand.[6]

Informationskontrolle

Das Ministry of Information hatte die Aufgabe, Zensur, Propaganda, Nachrichten und Öffentlichkeitsarbeit im Interesse des Staates zu koordinieren.[7] Es geriet fast von Anfang an in Schwierigkeiten, weil es trotz Vorausplanung wenig konkrete Vorgaben über die technischen Einzelheiten seiner Aufgaben gab. Schon bald verhedderte sich das neue Ministerium in einem Netz aus widersprüchlichen Anweisungen und unklaren rechtlichen Verhältnissen. Als besonders schwierig erwiesen sich die Ministerien der Streitkräfte selbst. Das War Office, die Admiralität und das Air Ministry waren alle außerordentlich kapriziös im Umgang – mal verweigerten sie der Öffentlichkeit jegliche Information, dann wieder übergingen sie das Ministry of Information ganz und gaben die Nachrichten direkt an die Presse.[8] Es heißt, das Air Ministry habe von den drei Ministerien der Streitkräfte die bewussteste Öffentlichkeitsarbeit geleistet. Teilweise erklärte sich der Wunsch nach Anerkennung vermutlich daraus, dass die Royal Air Force noch relativ jung war. Erst 1918 ins Leben gerufen und Anfang der zwanziger Jahre fast wieder abgeschafft, hatte sie das Bedürfnis, ihren Wert und ihre Eigenständigkeit unter Beweis zu stellen.[9]

Während des Krieges war die Einstellung von Presse und Wochenschau zum Bomber Command durch eine Vielzahl verschiedener Faktoren geprägt: die Auffassung der Redaktionen, der Verleger, der Leser und der Regierung. Beim *Daily Express* blieb das Interesse am Luftkrieg bestehen, obwohl der Besitzer des Blatts, Lord Beaverbrook, skeptisch war. Als Minister für die Flugzeugproduktion von 1940–41 zeigte Beaverbrook zwar großes Interesse an der RAF, doch hatte seine Begeisterung für die Waffengattung eine ganz spezielle Ausrichtung – er befürwortete die Herstellung von Jägern anstelle von Bombern. Ferner bezweifelte er, dass sein Land Deutschland durch den Bombenkrieg in die Knie zwingen könne.[10] Dass in einem seiner Blätter eine gegenteilige Meinung vertreten wurde, ist ein Beleg für seinen kaufmännischen Instinkt. Das Bomber Command avancierte zum Lieblingskind der britischen Öffentlichkeit.

Beim *Daily Mirror* wurde die Einstellung von dem Wunsch bestimmt, die «Chamberlain Gang» zu bekämpfen. Für den *Mirror* war das Bomber Command das Symbol für Großbritanniens Stärke, Jugend und Modernität. Empört über die Inkompetenz der «Colonels Blimp» – der Konservativen – und der ehemaligen Appeasement-Befürworter in der Regierung und in den Streitkräften, pries der *Daily Mirror* das, was er als den harten Kurs des Bomber Command bezeichnete, vor allem nachdem Sir Arthur Harris Chef des Oberkommandos geworden war.[11]

Die Wochenschau galt dank ihrer wirksamen Kombination von Wort und bewegtem Bild in Regierungskreisen als außerordentlich wichtiges Informationsmedium. Aus Furcht, die Wochenschauen könnten Material zeigen, das die Regierung in einem unvorteilhaften Licht zeigte, wurde das Ministry of Information angewiesen, den Wochenschauen höchste Priorität einzuräumen. Daraus ergab sich zwangsläufig, dass die Wochenschauen vor und nach ihrer Produktion zensiert wurden. Das Ministry of Information musste ein rasches und wirksames System der Wochenschauzensur entwickeln, damit die Wochenschaufirmen ihr Produkt trotz verschärfter Kontrollen rechtzeitig an die Kinos verteilen konnten. Wahrscheinlich veranlasste das die Unternehmen dazu, sich die offizielle Deutung der Ereignisse stärker zu Eigen zu machen, um ihre Produkte reibungsloser durch die Zensur zu bringen.[12]

Doch egal, welche Auffassung die Zeitungen vertraten, sie waren abhängig von den Informationen, die sie vom Ministry of Information und Air Ministry erhielten. Das Ministry of Information war nie ganz glücklich mit dem Bomber Command, worin das allgemeine Unbehagen zum Ausdruck kam, das in der Regierung herrschte und das auch die internen Debatten im Air Ministry und sogar im Bomber Command selbst prägte. Beide, Air Ministry und Bomber Command, brauchten einige Zeit, um zu erkennen, dass eine exakte, zielgenaue Bombardierung unmöglich war. Sobald man zu diesem Schluss gekommen war, entschied man sich für eine Politik des «Flächenbombardements», um die deutschen Arbeiter zu töten und «auszubomben» [*dehouse*]. Über diesen Aspekt des Krieges war die Regierung äußerst besorgt, weil sie befürchtete, die Strategie könnte der deutschen Propaganda eine Waffe in die Hand spielen, mit der diese die Stellung Großbritanniens als der «moralisch höher stehenden» Kriegspartei erschüttern könnte. Gleichzeitig wurde deutlich, dass das Bomber Command von entscheidender Bedeutung war, um Großbritanniens Image als unabhängige Macht aufrechtzuerhalten, die in der Lage war, empfindliche Schläge gegen das Kernland des Feindes zu führen. Ausführlich berichteten die Wochenschauen über die Besuche der königlichen Familie und Winston Churchills, bei denen die Bedeutung des Bomber Command als wichtigste Offensivwaffe unterstrichen wurde.[13] Das machte die Politik des Bomber Command und des Ministry of Information etwas unentschieden: Einerseits wollten sie die Realität des Luftkrieges verschleiern, andererseits aber seine Erfolge herausstreichen.

Doch das Air Ministry war entschlossen, der Presse zu geben, was sie haben wollte. Einer der Gründe, warum die Presse dem Bomber Command gegenüber so viel Milde walten ließ, war die Geschicklichkeit des Air Ministry bei der Kontrolle des Nachrichtenflusses. Arthur Christiansen vom *Daily Express* glaubte, diesem Umstand hätte die RAF zu verdanken gehabt, dass sie von der Fleet Street so freundlich behandelt wurde. Im Vergleich dazu war der Umgang mit den anderen Teilstreitkräften eher schwierig.

Der Luftkrieg war so kompliziert, dass die Presse kaum einen Ansatzpunkt fand, um das Air Ministry und das Ministry of Information anzugreifen. Es war äußerst schwierig, den Erfolg eines Bombenangriffs zu beurteilen. Diesen Umstand belegten die Berge von Statistik, die das Bomber Command während des Krieges produzierte und die alle einer detaillierten Analyse unterzogen werden mussten.[14] Da war es sehr viel leichter, sich an die benutzerfreundlichen Luftfotografien zu halten, die vom Bomber Command zur Verfügung gestellt wurden und großflächige Zerstörungen und Schäden zeigten.

Auf jeden Fall hielt Sir Arthur Harris viel von solchen Bildern. Bereitwillig überließ er Presse und Laien, was sie wünschten, und vermied sorgfältig alle Informationen, die zu viele technische Kenntnisse voraussetzten. Als es um die Freigabe von Luftfotografien ging, die den Luftangriff auf Köln zeigten, wies er seine Propagandaoffiziere an, gute, deutlich erkennbare Fotos auszusuchen. In dem ihm eigenen, unnachahmlichen Stil fügte er hinzu: «Sogar Luftwaffenoffiziere haben in vielen Fällen nicht die leiseste Idee, was sie betrachten, wenn man ihnen Luftfotografien vorlegt … man weiß nie, ob es sich um vertikale Fotografien von Bombenschäden handelt oder um das Südende einer badenden Schönheit, die nach Norden blickt!»[15] Dies waren die Bedingungen, unter denen über den britischen Bombenkrieg berichtet wurde. Eine seltsame Mischung – und ein idealer Nährboden für Mythen, Streit und Verwirrung.

Die ersten Monate

Als der Krieg begann, konnte kein Zweifel daran bestehen, dass die britische Öffentlichkeit über die Wirksamkeit von Bombenangriffen sehr genau Bescheid wusste. Filme wie *Things to come (Was kommen wird)* (1936), der nach H.G. Wells' Roman gedreht war, hatten die Folgen von Luftangriffen anschaulich gemacht. Die Bombardierung von Guernica (1937) hatte die britische Öffentlichkeit, besonders durch ihre Darstellung in den Wochenschauen, geschockt; und Stanley Baldwin hatte düster prophezeit: «Die Bomber werden immer durchkommen.»[16] Diese Atmosphäre verstärkte das Interesse an der RAF, vor allem ihren Bomberverbänden. 1939 rechnete die britische Öffentlichkeit mit beidem: bombardiert zu werden und andere zu bombardieren.

Am 5. September 1939, zwei Tage nach Kriegsbeginn, verkündete der *Daily Express* auf seiner Titelseite: «RAF bombardiert zwei Schlachtschiffe/Mehrere direkte Treffer des Nordostseekanals/Luftschlacht: Einige Verluste.» Der Artikel war wörtlich aus einem Kommuniqué des Air Ministry übernommen. Dort hieß es, die deutsche Flotte sei von der britischen Luftwaffe in den Häfen Wilhelmshaven und Brunsbüttel angegriffen worden. Es sei von mehreren Treffern berichtet worden, die einige Schäden verursacht hätten. Im Gegenzug seien die Flugzeuge der RAF von der deutschen Luftwaffe angegriffen und von der Flugabwehr beschossen worden, was zu «einigen Verlusten» geführt habe. Obwohl der Krieg erst einige Tage alt war, konnte die britische Öffentlichkeit beim Frühstück die erfreuliche Kunde lesen, dass die RAF im Krieg mit Nazideutschland dem Gegner schon blutige Verluste zugefügt hatte. Doch bei genauerer Betrachtung enthielt die Story kaum eine gesicherte Erkenntnis. Gelang es dem Bomber Command tatsächlich, irgendwelche Schiffe zu versenken? Waren Explosionen zu erkennen? Was versteckt sich wirklich hinter der Formel «einige Verluste»?

Bei dem Angriff, der am Tag zuvor stattgefunden hatte, hatten fünfzehn Blenheim-Bomber des 2. Geschwaders und vierzehn Wellington-Bomber des 3. Geschwaders Angriffe auf Ziele in Wilhelmshaven und Brunsbüttel geflogen. Die Bilanz sah nicht sehr günstig aus. Ein paar deutsche Kriegsschiffe hatten Kratzer und Lackschäden abbekommen, dem stand der Verlust von sieben Flugzeugen gegenüber – 23,3 Prozent der entsandten Maschinen.[17] Das war die Realität hinter den Schlagzeilen, doch die wurde sorgfältig vor der englischen Öffentlichkeit verborgen.

Herbst und Winter 1939/40 waren eine frustrierende Zeit für das Bomber Command. Die Vorkriegsplanung nahm an, dass die Bomber in der Lage seien, sich bei Tageslicht zu verteidigen und ihre tödlichen Waffen präzise ins Ziel zu bringen. Die Wirklichkeit war ein Schock. Als das Command versuchte, die deutsche Schifffahrt lahm zu legen, musste es feststellen, dass seine Flugzeuge Gegenangriffen relativ schutzlos preisgegeben waren. Der Tiefpunkt war im Dezember 1939 erreicht, als eine Reihe von Angriffen katastrophal endete und zum Verlust von siebzehn Bombern führte.[18] Während das Bomber Command versuchte, die Dezember-Operationen zu verarbeiten, wurde der Öffentlichkeit eine spezielle Version der Ereignisse präsentiert. Der *Daily Express* hob die positiven Aspekte hervor. Nach diesen Berichten war der Erfolg der Operationen in der Tat schwer zu leugnen. Am 19. Dezember 1939 behauptete der *Express*, die britischen Verluste seien eine Erfindung der Nazis, mit der sie die öffentliche Meinung in Deutschland von dem wenige Tage zurückliegenden Verlust des Panzerschiffs *Graf Spee* ablenken wollten. Die Schlagzeilen verkündeten: «Größte Luftschlacht/Nazis verlieren 12, wir 7 Maschinen/Berlin behauptet ‹Sieg› als Ausgleich für Spee». Unbekümmert machte der *Express* seinen Lesern weis, die RAF habe der deutschen Luftwaffe eine Schlappe beigebracht, weil die britischen Bomber leicht in der Lage seien, sich gegen deutsche Angriffe zu verteidigen. Die Ereignisse wurden als die größte bisherige Luftschlacht des Krieges und natürlich als britischer Sieg präsentiert. Man tischte der britischen Öffentlichkeit eine manipulierte Version des Bombenkrieges auf – und legte damit den Grundstock für spätere Verwirrungen und Konflikte.

Als schließlich am 10. Mai 1940 der Sturm im Westen losbrach, ließ man das Bomber Command von der Leine. Das Verbot, Deutschland anzugreifen, wurde aufgehoben. Zu Hause bekam die Öffentlichkeit nie eine echte Chance zu begreifen, wie unterlegen die britischen Maschinen waren und wie wenig Schaden das Bomber Command in Deutschland anrichten konnte. Am 13. Mai 1940 lautete die Schlagzeile des *Daily Express*: «RAF zerstört Brücken. Unterbricht Verkehrswege.» Am 15. Mai: «RAF-Bomber zertrümmern Tanks, während Jäger Luftraum säubern.» In dem Bericht hieß es: «Britische Bomber erteilen Hitler eine Lektion im modernen Blitzkrieg. Sie fliegen ihre Angriffe 24 Stunden am Tag und fegen Hitlers Blitzkrieg-Truppen von der Straße.»

Die Besatzungen der Blenheim-Bomber flogen ihre Angriffe in einem Zustand äußerster Verzweiflung – einer Verzweiflung, von der kaum etwas in die Presse gelangte. Wie groß der Abstand zwischen Wirklichkeit und Propaganda war, zeigte der Angriff auf Gembloux am 17. Mai mit erschreckender Deutlichkeit. Zwölf Blenheims griffen Truppenkonzentrationen in diesem Gebiet an und elf von ihnen wurden abgeschossen. Das in den meisten Zeitungen zitierte Kommuniqué des Air Ministry war ein Meisterstück an Untertreibung: «Sie trafen auf eine große Formation feindlicher Jäger und intensives Flakfeuer. Trotz aller Tapferkeit und Entschlossenheit kehrten elf unserer Flugzeuge nicht nach Hause zurück.» Der *Daily Mirror* überging am 18. Mai 1940 das Kommuniqué ganz und erklärte verblüffenderweise, es sei keine einzige Maschine verloren gegangen.

Im Hochsommer 1940 rückte die Schlacht um England das Fighter Command, die Jägerverbände, in den Mittelpunkt des öffentlichen Interesses, obwohl das Bomber Command bei seinen ständigen Angriffen gegen die deutsche Invasionsflotte die größeren Verluste erlitt.[19] Ende August ging es vor allem um die Frage der Vergeltung. Der *Daily Telegraph* vertrat die Ansicht, «diesen Weg auf Kosten des

Hauptziels einzuschlagen, das darin besteht, die Kampfkraft des Feindes durch Angriffe auf seine Stützpunkte und Fabriken zu schwächen», würde «jeder vernünftigen Strategie zuwiderlaufen» (27. August). Doch die wirkliche Natur der britischen Bomberstrategie blieb den ganzen Krieg hindurch eine heikle Frage. Einige Fürsprecher des britischen Luftkrieges waren der Überzeugung, es würden zwar einige Zivilisten des Feindes getötet, das Hauptziel sei jedoch, die deutsche Kriegsindustrie lahm zu legen, daher seien die Angriffe militärisch wirksam und berechtigt. Im Herbst 1940 reklamierte die *Daily Mail* (25. September) die moralische Überlegenheit für Großbritannien: «Die Berliner erleben jetzt, dass ihre Stadt gegen großflächige Bombardements so wenig gefeit ist wie London. Der einzige Unterschied besteht darin, dass unsere Piloten ihre Ziel auswählen und sich auf Ziele von militärischem Wert konzentrieren.» 1942 bezweifelte der diplomatische Korrespondent der *Times* zwar, dass das Bombardement jemals die deutsche Moral beeinträchtigen könne, unterstrich aber die Blockade-Wirkung der Angriffe, die Deutschland langsam in die Knie zwingen würden. Laut dieser These war das britische Bombardement dazu bestimmt, die industrielle Infrastruktur Deutschlands zu zerschlagen, und keine primitive Vergeltungsaktion.

Als sich abzeichnete, dass die deutsche Moral unter den britischen Bombenangriffen keineswegs zusammenbrechen würde, wurde es umso wichtiger, auf die militärischen und wirtschaftlichen Auswirkungen der Luftangriffe hinzuweisen. Am 29. November 1943 hieß es in einem Leitartikel der *Daily Mail*, Großbritannien sei nicht darauf aus, die deutsche Moral zu brechen, sondern befolge eine neue Kriegsstrategie: Es versuche, den Feind durch Zerstörung seiner Kriegsindustrie niederzuwerfen. Goebbels' Behauptung, die RAF fliege Terroreinsätze, sei lachhaft. Darin kommt ein allgemeinerer Trend in der Berichterstattung über den Luftkrieg während der zweiten Kriegshälfte zum Ausdruck. Die Medien betonten, dass die Bombenangriffe an sich den deutschen Widerstand nicht brechen könnten, dass sie aber den Widerstand gegen die Invasion Deutschlands schwächen würden. Laut *Daily Telegraph* (21. Mai 1943) trugen die alliierten Bomberverbände zweifellos dazu bei, «die Invasion zu erleichtern, und sind daher das wirksamste Mittel zur Abkürzung des Krieges».

Der Ruf nach Vergeltung

Allerdings war die Berichterstattung nie ganz eindeutig, weil der Wunsch nach Vergeltung immer eine Rolle spielte und gelegentlich auch sichtbar wurde. Als die deutschen Luftangriffe auf britische Städte im Herbst 1940 einsetzten, wurde damit auch das Verlangen nach Rache geweckt. Da Großbritannien in dieser Phase des Krieges die Angriffe scheinbar ohnmächtig über sich ergehen lassen musste, wurde in der Presse der lebhafte Wunsch laut, es den Deutschen heimzuzahlen. Egal, was einige Leitartikler schrieben und was sie der RAF zutrauten, überall war das Verlangen nach Vergeltung zu spüren. In der *Daily Mail* (10. September) endete eine Verteidigung der britischen Politik mit der folgenden verräterischen Äußerung: «Die Opfer und die zerstörten Gebäude in Großbritannien werden gerächt werden. Wenn sich Hitler von der Vergeblichkeit seiner wütenden Versuche, dieses Land in die Knie zu zwingen, überzeugt hat, ist die Stunde des Gegenangriffs gekommen. Dann muss Großbritannien gegen Deutschland die vernichtendste Offensive führen, welche die Welt je gesehen hat.» In ähnlicher Weise erklärte der *Daily Mirror* (28. August), die britischen Operationen seien auf keinen Fall unter der Überschrift «Vergeltung» zu sehen, tönte aber dann: «Wird man im Krieg getroffen, muss man zurückschlagen. Zurückschlagen und sonst gar nichts. Genau das, liebe Freunde, erwarten wir von euch!» In den nächsten Wochen wurde die Haltung des Blattes noch unversöhnlicher: «Wir müssen in gewohnt wirksamer Weise damit fortfahren, Berlin in die Luftschutzbunker zu jagen – denn der Krieg *muss* nach Deutschland getragen werden, und wir *müssen* so rasch wie möglich zur Offensive übergehen.»

Am 12. September 1940 brachte der Leitartikel des *Mirror* die unverhohlenste Verteidigung unbeschränkter Gewalt, die bis dahin in der britischen Presse zu lesen war. Er verlangte eine rücksichtslose Vorgehensweise und hob die Unterscheidung zwischen Zivilisten und Soldaten mit dem Hinweis auf, sie sei vom modernen Krieg außer Kraft gesetzt worden:

Die Erfindung des Bombenflugzeugs hat alle Ritterlichkeit auf immer abgeschafft. Heute heißt es: «Üb Vergeltung oder geh zugrunde.»
Wir sind nicht zu passivem und höflichem Martyrium bereit. Wir *müssen* zurückschlagen …
Außerdem ist die Zerschlagung des deutschen Verkehrsnetzes und der Nervenzentren im Wesentlichen ein «militärisches» Ziel – wenn es überhaupt sinnvoll ist, diese fast schon veraltete Unterscheidung aufrechtzuerhalten.
Eine Unterscheidung, die auf tönernen Füßen steht. In dem gnadenlosen Krieg unserer Tage werden die Menschen überall und auf tausend Arten getötet. Und die Menschen, die zu Zehntausenden getötet werden, sind nützliche Arbeiter, meist Arbeiter in der Kriegsindustrie. Sie sind im Krieg. Jeder zählt. Vielleicht ist auch jeder ein Opfer.

Winston Churchill selbst unterstützte öffentlich den Wunsch nach Vergeltung und Rache. Am 14. Juli 1941 nahm er das Londoner Feuer in Augenschein, stattete dem Zivildienst im Hyde Park einen Besuch ab und nahm anschließend an einem Mittagessen im County Club teil. In seiner Rede schilderte er, welches Leid Großbritannien und anderen Nationen durch die Nazibomber zugefügt worden sei. Dann erklärte er:

Wenn heute Abend die Bewohner Londons darüber abzustimmen hätten, ob wir einer Konvention beitreten sollten, in der die augenblickliche Beendigung aller Bombenangriffe auf Städte verfügt würde, riefe die Mehrheit mit Gewissheit aus: «Nein, erst wollen wir den Deutschen mit gleicher Münze und mehr heimzahlen.» [Auf der Decca-Aufzeichnung dieser Rede sind an dieser Stelle Klopfen und zustimmende Zurufe zu hören.][20]

Der «Harris-Effekt» und die Kontroverse um Dresden

Als Sir Arthur Harris, der neu ernannte Chef des Oberkommandos des Bomber Command, im April 1942 seinen ersten großen Angriff gegen Lübeck fliegen ließ, erfüllte die Verwüstung, die dort angerichtet wurde, die britische Öffentlichkeit mit großer Befriedigung. Der *Daily Express* (25. April) veröffentlichte Luftbilder der rauchenden Ruinen und triumphierte: «Dies geschah mit der Stadt Lübeck, in der 150 000 Deutsche leben und arbeiten, in jener Nacht im letzten Monat, als die RAF beschloss, eine englische Übersetzung für das Wort ‹Blitz› [Luftangriff] zu liefern. Keine Stadt in Großbritannien hat jemals durch einen einzigen Angriff solche Schäden erlitten.» Als im

August neue Lancaster-Bomber von den Montagebändern liefen, zitierte *Movietone* (13. August) Harris: «Kein Teil des Reiches ist mehr sicher.»

Im Mai 1942, als Harris den ersten 1000-Bomber-Angriff gegen Köln führte, war die Atmosphäre außerordentlich aufgeladen. Die Schlagzeile am 1. Juni im *Express* lautete: «Die Rache beginnt!» Auch für die Wochenschauen war es ein Fest. *Gaumont* (6. August 1942) erinnerte seine Zuschauer daran, dass die Deutschen nur ihre gerechte Strafe erhielten. Der Beitrag trug den Titel: «1000 RAF-Bomber zahlen es Hitler heim – doppelt und dreifach!»

Im Juli 1943 wurde beim Angriff auf Hamburg ein schrecklicher Feuersturm erzeugt. *Movietone News* berichtete: «Die zweitgrößte Stadt des Reiches wurde in einer Reihe von Rekordangriffen der RAF liquidiert.» Das lässt kaum auf große moralische Bedenken hinsichtlich des Luftkrieges schließen.

Noch größere öffentliche Zustimmung erntete das Bomber Command im März 1943 mit dem Angriff auf die Staudämme im Ruhrtal. «Die Boches kriegen Bombenhochwasser/Flutwelle rast Ruhr entlang», verkündete eine Balkenüberschrift im *Daily Mirror*; «Flutwelle schießt Ruhrtal hinab», schrie es Lesern des *Daily Express* am 18. Mai entgegen. Jenseits des Atlantiks gab die *New York Times* bekannt: «RAF jagt zwei große Dämme in die Luft; Stromversorgung im Ruhrgebiet lahm gelegt; Flut bringt Tod und Verderben und legt Verkehr lahm.»[21] Für die *Times* in London war es der Augenblick der wohlverdienten Strafe: «Erst jetzt beginnt das deutsche Volk für die Verbrechen der eigenen Führer zu büßen – die Bomben, die 1939 ohne Kriegserklärung auf Warschau regneten und 1940 die offene und wehrlose Stadt Rotterdam trafen.» *Operation Chastise* – «Operation Züchtigung» – hatte ihrem Namen alle Ehre gemacht und wurde schon wenige Stunden nach ihrer Vollendung zur Legende.

Harris' Angriff auf Berlin, der von Herbst 1943 bis Frühjahr 1944 tobte, löste mit dem Leid, das er über die Deutschen brachte, ähnliche Schadenfreude aus. Im *Mirror* hieß es am 17. Februar 1944: «In etwa einer halben Stunde wurde eine Bombenlast ausgeklinkt, die fast sechsmal so groß war wie alles, was jemals im Laufe einer Nacht über London abgeworfen wurde.» Diese Statistik zitierte auch *British Mo-*

vietone (29. November 1943) und berichtete von «schweren Bombenteppichen auf Berlin». Im März 1944 gab es jubelnd einen neuen Rekord bekannt – die größte Bombenlast, die je im Laufe einer Nacht abgeworfen wurde. Laut dem *Sketch* (25. November 1943) war Berlin «die meistbombardierte Stadt der Welt». Einige Wochen später gab er die «Vernichtung der Hauptstadt des Nazismus» bekannt, und wieder einige Wochen später berichtete er kurz und bündig, Berlin habe «einen Vernichtungsangriff erlitten. Nicht mehr und nicht weniger» (17. Februar 1944). Die Angriffe auf Mannheim und Ludwigshafen im Februar 1944 wurden von *British Paramount News* unter dem Titel «Wie die RAF Städte ‹auslöscht›» behandelt. Dieser Beitrag wies darauf hin, dass die Wasserstraßen beide Städte zu idealen Zielen für die RAF gemacht habe – «der Traum eines jeden Bomberpiloten». Natürlich ist der Angriff, der zum Synonym für Harris' Namen geworden ist und sich mit allen negativen Aspekten der britischen Luftangriffen verbindet, die Bombardierung von Dresden. Doch seinerzeit war Dresden durchaus keine *Cause célèbre*, sondern nur ein Angriff unter vielen, der es allerdings hinterher zu traurigem Ruhm brachte, weil Churchill angesichts einiger Berichte in der US-Presse unter plötzlichen Anfällen von Gewissensbissen und Unbehagen litt. In Großbritannien war von derartigen Regungen kaum etwas zu vernehmen. Widerspruchslos nahm die britische Öffentlichkeit auch weiterhin die Nachrichtenkost zu sich, an die sie sich inzwischen gewöhnt hatte.

Der *Daily Express* berichtete seinen Lesern, aus unterrichteten Kreisen im neutralen Schweden verlaute, der Angriff auf Dresden habe «im Süden Deutschlands ähnliche Verwirrung gestiftet wie der letzte große Angriff auf Berlin im Norden … Jetzt ist die Lebensader Dresden zumindest vorübergehend durchtrennt. Bahnhöfe und Eisenbahndepots sind zerstört, Brücken und Viadukte in die Luft gejagt und Fabriken in Schutt und Asche gelegt.» (14. Februar 1945). Im *Sketch* hieß es: «Dresden, die Hauptstadt Sachsens und Dreh- und Angelpunkt der deutschen Verteidigung gegen Marschall Konjews Bodentruppen, die keine 100 Kilometer entfernt stehen, war Hauptziel zweier schwerer Angriffe – durch die RAF am Dienstagnachmittag und durch amerikanische Piloten gestern» (14. Februar 1945). Den Lesern des *Daily Telegraph* sprang die Schlagzeile entgegen: «Pausenlose Luftangriffe helfen beiden Fronten/650 000 RAF-Brandbomben auf Dresden/Größter Tag des Westens seit Falaise/Luftflotten bei Tag und Nacht im Einsatz über dem Reich.» In dem Bericht wurde Deutschlands Behauptung erwähnt, es handle sich um einen Terrorangriff. Doch dieser Vorwurf gehörte zum Standardrepertoire der gut geölten deutschen Propagandamaschine, und der *Telegraph* begegnete ihm mit dem Hinweis: «Dresden ist dringend erforderlich als Aufmarschgebiet für Truppen und als Standort für evakuierte Verwaltungsstellen» (15. Februar 1945). Auch die Wochenschauen zeigten sich nicht bußfertiger. Die *British Paramount News* teilten ihren Zuschauern mit, die RAF und die amerikanische Luftwaffe hätten Dresden «zertrümmert», und fügte hinzu: «Dresden liegt zu beiden Ufern der Elbe. Die Stadt, die sich in Friedenszeiten durch große Schönheit auszeichnete, ist heute nur noch eine Ruinenlandschaft, ein weiteres Opfer, welches das deutsche Volk seinem kranken Verlangen nach Weltherrschaft gebracht hat» (22. Februar 1945). Am 5. März 1945 berichtete die *Daily Mail*: «Dresden sei durch die massiven alliierten Luftschläge vom 14. und 16. Februar vollkommen ausradiert worden, berichtete die German Overseas News Agency gestern Abend … ‹Heute können wir von dem, was Dresden einmal war, nur noch in der Vergangenheit sprechen.›» Doch im Rest des Berichts war von Bedauern kaum eine Spur zu entdecken.

Als die alliierten Truppen vorrückten und die deutschen Städte einnahmen, nutzten die Wochenschauen die Gelegenheit, um die Verwüstungen zu zeigen, die die Bombenangriffe angerichtet hatten. Zwar schlich sich in die Kommentare eine nachdenkliche Note ein, doch keine, die geeignet gewesen wäre, die britische Öffentlichkeit zu beunruhigen. So waren die Ruinen von Köln für *British Paramount* ein Denkmal, das vom gerechten Zorn der Alliierten zeugte:

> Heute ist Köln, die einst so stolze Stadt am Rhein, nur noch eine kahle, unheimliche Ruine. Sie liegt da als Symbol für den fast göttlichen Zorn freier Menschen, die nur langsam in Wallung geraten, aber schrecklich in ihrer Rache sind. Köln ist ein Friedhof – einer von vielen, die es heute in Deutschland gibt. Unter den Trümmern sind die Verbrechen, Prahlereien und blutbefleckten Errungenschaften des Dritten Reichs begraben. (22. März 1945)

Die Bedeutung von Dresden und das unvergessliche, mahnende Bild der verwüsteten deutschen Städte – dies wurde erst nach dem Krieg zur Belastung für die Erinnerung der Briten.

Britische Bombenpolitik: Kritik und Unterstützung

Das heißt jedoch nicht, dass das Bomber Command während des Krieges gegen alle Kritik gefeit war. Über die moralische Berechtigung des britischen Luftkrieges wurde durchaus debattiert. Allerdings waren diese Debatten in der Regel auf die Seiten wissenschaftlicher Zeitschriften und anspruchsvollerer Zeitungen beschränkt. Das Interesse, das Historiker an den Protesten von Menschen wie Bischof George Bell und Vera Brittain zeigt, scheint ihre Bedeutung zu überschätzen. Als sich Bell und sein Amtskollege Clifford Woodward aus Bristol gegen die britische Bombenpolitik wandten, forderte der *Daily Sketch* sie scharf auf, sich nicht in militärische Angelegenheiten einzumischen (19. Mai 1941). Ebenso entschieden reagierte der *Sunday Dispatch* und führte die mangelnden militärischen Kenntnisse des Bischofs ins Feld: «Er hat vorgeschlagen, Großbritannien solle – obwohl es mit dem Rücken an der Wand gegen die größten Verbrecher der Geschichte kämpft – ausgerechnet auf die Waffe verzichten, die ihm die besten Aussichten auf einen Sieg eröffnet.» (18. Mai 1941). Auch Richard Stokes, Labour-Abgeordneter für Ipswich und Offizier im Ersten Weltkrieg, äußerte im House of Commons Zweifel an der britischen Politik.[22] Das brachte die Regierung und das Air Ministry sicherlich in Schwierigkeiten. Wie sollte Luftfahrtminister Sir Archibald Sinclair Stokes Fragen zum Charakter des britischen Luftkrieges beantworten?

Die Kritik am Bomber Command und der Vorwurf, seine Strategie sei sowohl grausam als auch militärisch wirkungslos, führten zu einer scharfen Meinungsverschiedenheit über die Frage, wie diesem Vorwurf am besten zu begegnen sei. Sir Charles Portal, Chef des Luftwaffen-Generalstabs, reagierte empfindlich auf den Vorwurf der wahllosen Bombardierung. Besonders empört war er, als ihm Klagen bezüglich der BBC-Berichterstattung über den Angriff auf Leipzig vom 20./21. Oktober 1943 zu Ohren kamen. Er schrieb an seinen Stellvertreter, an Sinclair und an seinen Chef für Öffentlichkeitsarbeit. Portal plädierte für eine offenere Informationspolitik in Hinblick auf die britischen Luftangriffe, doch diese Vorschläge gingen Harris nicht weit genug.[23] Portals Brief ließ Harris nicht ruhen. Er verlangte ein offenes Bekenntnis zur britischen Bombenstrategie. Unmissverständlich sollte erklärt werden, dass Zivilisten *aus politischen Gründen* getötet wurden. Am 25. Oktober schrieb Harris an Portal und Sinclair:

> Das Ziel der Combined Bomber Offensive und der Rolle, die dem Bomber Command darin nach der vereinbarten britisch-amerikanischen Strategie zufällt, muss eindeutig und öffentlich dargelegt werden. Dieses Ziel ist die Zerstörung der deutschen Städte, die Tötung deutscher Arbeiter und die Zerschlagung des zivilisierten sozialen Lebens in ganz Deutschland.
> Es sollte unterstrichen werden, dass die Zerstörung von Gebäuden, öffentlichen Einrichtungen, Transportmitteln und Leben, die Schaffung eines Flüchtlingsproblems von bislang unbekanntem Ausmaß und der Zusammenbruch der Moral an der Heimat- wie der Kriegsfront durch die Furcht vor noch umfassenderen und heftigeren Bombenangriffen akzeptierte und beabsichtigte Ziele unserer Bombenpolitik sind. Keinesfalls sind sie Nebeneffekte von Versuchen, Fabriken zu treffen.[24]

Öffentlichkeit und Unterhaus erhielten nie eine solch eindeutige Mitteilung. Stattdessen blieben Air Ministry, Ministry of Information und Sinclair bei ihrer zwiespältigen Haltung: Während sie einerseits behaupteten, der Luftkrieg sei gegen die deutsche Industrie gerichtet, gestatteten sie der Presse andererseits, die Rechtmäßigkeit von Angriffen anzudeuten, die Leben und Besitz der Zivilbevölkerung zum Ziel hatten. Diese Unentschiedenheit hat dazu beigetragen, dass seither die Erinnerung an den britischen Bombenkrieg unter einem Schleier liegt.

Unbestritten ist die Wertschätzung, deren sich das Bomber Command während des Krieges in der britischen Öffentlichkeit erfreute. Das wohl eindrucksvollste Beispiel für die Unterstützung der RAF und des Bomber Command im Besonderen war die Woche *Wings for Victory* im Frühjahr 1943: Der Trafalgar Square wurde von zwei Lancaster-Bombern dominiert, während auf dem Kirchhof der Saint Paul's Cathedral ein Stirling-Bomber ausgestellt war. Das Interesse der Öffentlichkeit war überwältigend. Mehr als eine Million Menschen strömten über den Trafalgar Square und verstopften dann auf ihrem Weg zur Saint Paul's Cathedral The Strand. Der *Express* verkündete: «Die größte Menschenansammlung seit der Krönung». Die Menge war so groß, dass die Ordnungskräfte überfordert waren. Die Menschen trampelten die Zelte des um Ordnung bemühten Zivildienstes nieder und brachten durch ihren Ansturm das System des Geldsammelns zum Erliegen, sodass viele Menschen gar keine Möglichkeit erhielten, Kriegsanleihen aufzunehmen. Hier zeigte sich, wie viel Rückhalt RAF und Bomber Command in der britischen Öffentlichkeit hatten.

Die öffentliche Meinung über die Bombenangriffe blieb sich selbst bemerkenswert treu und lässt erkennen, dass die Briten eine ziemlich genaue Vorstellung von den Auswirkungen der Bombenpolitik hatten, die in ihrem Namen betrieben wurde. Sie mochten sich diesen Auswirkungen aber nicht stellen und trösteten sich mit der Mehrdeutigkeit der Berichterstattung. Tom Harrisson von der Organisation Mass Observation beobachtete, dass die Menschen auf dem Höhepunkt der deutschen Luftangriffe in den bombardierten englischen Städten nur geringe Rachegelüste bekundeten, dass aber mit der Zeit der Wunsch nach Vergeltung wuchs.[25] Im Mai 1941 veröffentlichte der *News Chronicle* eine Gallup-Umfrage über Einstellungen zum Bombenkrieg, die Harrissons Einschätzung bestätigte. Gallup stellte Menschen im ganzen Land die Frage: «Wären Sie damit einverstanden, wenn die RAF sich entschlösse, die Zivilbevölkerung in Deutschland zu bombardieren?»

Wie die Ergebnisse zeigten, befürworteten «die Menschen in Großbritannien ein Vergeltungsbombardement Deutschlands», doch diese Haltung war nicht so klar, wie die Schlussfolgerung suggerierte. So zeigte sich beispielsweise, dass Menschen, die weit weg von den Zentren der deutschen Angriffe lebten, etwa im ländlichen Nordwesten, weit eher zur Unterstützung solcher Vergeltungsmaßnahmen bereit waren als die Londoner. «Es hat den Anschein, als befinde sich die Befürwortung von Vergeltungsmaßnahmen fast in einem umgekehrten Verhältnis zur Erfahrung von Bombenangriffen», hieß es in der Schlussfolgerung des Umfrageberichts. Eine Umfrage vom Dezember 1940 hatte eine weit gleichmäßigere geographische Meinungsverteilung ergeben, wobei sich 46 Prozent für Vergeltungsmaßnahmen aussprachen, 48 Prozent dagegen und acht Prozent unentschieden waren. Die Zeit, die zwischen den beiden Umfragen verstrich, führte dazu, dass die Zahl der Befürworter von Vergeltungsbombardements um sieben Prozent anstieg.[26]

Zwar ergab die Umfrage, dass die meisten Briten Vergeltungsmaßnahmen ablehnten – von denen, die tatsächlich bombardiert worden waren –, doch ließ sich ihr nicht entnehmen, ob die Befragten der Meinung waren, Bombenangriffe seien grundsätzlich abzulehnen, oder ob sie sie nur für wirkungslos hielten. Tatsächlich ging aus einigen Quellen hervor, dass die Öffentlichkeit den Gedanken an Vergeltungsmaßnahmen keineswegs ablehnte. Im März 1941 hieß es in einem Bericht von Home Intelligence, einer Abteilung des britischen Nachrichtendienstes, an Churchill: «Die Menschen werden kaum zu überzeugen sein, dass die schweren Angriffe auf die deutschen Ballungsgebiete nicht unsere wirksamste Waffe sind.»[27]

1944 veröffentlichte der *New Statesman* eine Umfrage von Mass Observation über die Meinung der britischen Öffentlichkeit zu den Bombenangriffen. Danach bekundeten in London sechs von zehn Befragten ihre uneingeschränkte Zustimmung zu den Luftangriffen. Zwei von zehn meinten, sie seien notwendig, äußerten aber Bedenken wegen der Auswirkungen auf die deutsche Zivilbevölkerung. Nur einer von zehn fand, sie seien zu schrecklich, um in irgendeiner Form gebilligt werden zu können, «obwohl nur wenige so weit gehen, eine augenblickliche Beendigung zu verlangen». Eine Minderheit äußerte Schadenfreude und Rachegefühle. Lediglich einer von sechs glaubte, die Bombardierung würde den Krieg beenden, wesentlich mehr dagegen, sie könnte ihn abkürzen, «und das ist der häufigste Grund für die Befürwortung unserer Bombenangriffe».

Offenbar wurde die Umfrage in dem vollen Bewusstsein durchgeführt, dass die britischen Bombenangriffe Zivilisten galten, denn es hieß dazu: «Wie intensiv die Schuldgefühle sind, die die Bombenangriffe auf *Menschen* hervorrufen, zeigt sich darin, dass es so vielen Befragten noch immer gelingt, sich in dem Glauben zu wiegen, die Bombenangriffe würden nur militärischen Zielen gelten.» Doch der Schluss, die Menschen wären nicht an Vergeltung interessiert, ist falsch, denn die Umfrage ergab auch, dass die meisten Befragten die Teilung Deutschlands und umfassende Kriegsverbrecherprozesse wünschten.[28] Egal, wie zwiespältig das öffentliche Wissen um und die Debatte über die britischen Bombenangriffe war, das Fazit muss lauten, dass die meisten Briten ihre Fortsetzung wollten und der Meinung waren, in irgendeiner Weise würden sie sich als wirksam erweisen.

Von 1940 an schickten sich britische Bomberverbände an, deutsche Städte in die Knie zu zwingen, indem sie ihre Bewohner töteten, ihre Gebäude zerstörten und ihre Industrien in Trümmer legten. Harris wusste es, Portal wusste es und Churchill wusste es. Die Bomberbesatzungen vermuteten es, wahrscheinlich, führten aber – ein Satz, der so abgedroschen wie in diesem Falle zutreffend ist – nur ihre Befehle aus. Der einzige Unterschied bestand darin, dass Harris bereit war, der Öffentlichkeit diese Tatsache ohne Beschönigung mitzuteilen.

Die britische Öffentlichkeit vernahm viele verschiedene Interpretationen des Luftkrieges und bekam eine Mischung aus Wahrheiten, Halbwahrheiten und unverfrorenen Lügen aufgetischt. Die Haltung der Zeitungen unterschied sich nur unwesentlich von der offiziellen Berichterstattung: Der Leser einer seriösen Zeitung mochte etwas gemäßtigtere Berichte zu Gesicht bekommen, doch die Informationen und Haltungen waren denen der Boulevardpresse bemerkenswert ähnlich. Das ermöglichte der britischen Öffentlichkeit und den Politikern später die Behauptung, sie hätten den wahren Charakter des strategischen Luftkrieges nicht gekannt.

Der britischen Öffentlichkeit wurde gesagt, man wolle Deutschland in Schutt und Asche legen. Dieses Versprechen hatte, wie allgemein bekannt, das Bomber Command abgelegt, und die Öffentlichkeit wurde von Zeitungen und Wochenschauen fast täglich daran erinnert. Deutschland sollten «die Eingeweide herausgerissen werden», das heißt, es sollte fertig gemacht, in die Knie gezwungen werden. Auch das war bekannt. Doch einigen gelang es, sich selbst weiszumachen, dies ließe sich durch Bombardierung der Fabriken allein bewerkstelligen. Den meisten gelang es nicht; sie akzeptierten stillschweigend alle Konsequenzen der Bombenpolitik, vielleicht sogar mit Freude. Einige, sehr wenige, protestierten lautstark.

1942 ging es für Großbritannien zweifellos ums Überleben. Sonst drohte man, in Churchills Worten, «in den Abgrund eines neuen dunklen Zeitalters» zu stürzen. In diesem Augenblick höchsten nationalen Notstands wurde eine Streitkraft geschaffen, die Gewalt von schrecklichem Ausmaß gegen den Feind zu entfesseln vermochte. In den Jahren nach dem Krieg distanzierten sich die Briten von dem wilden Tier, das sie in ihrem Inneren von der Leine gelassen hatten, und machten Harris und seine Männer zu Sündenböcken. Das ist blanker Unsinn, denn wenn es eine Schuld gibt, trifft sie alle.

Anmerkungen

1 Len Deighton, *Bomber*, London: Jonathan Cape, 1970, S. 283.
2 Mark Connelly, *Reaching for the Stars: A New History of RAF Bomber Command in the Second World War*, London: I. B. Tauris, 2001, S. 65, 158–163.
3 Das beste Beispiel dafür ist Stephen A. Garrett, *Ethics and Airpower in World War Two: The British Bombing of German Cities*, New York: St. Martin's Press, 1993.
4 Paul Addison, *The Road to 1945*, London: Jonathan Cape, 1975, S. 15.
5 John Stevenson, *British Society 1914–1945*, London: Penguin, 1984, S. 402–403.
6 Ross McKibbin, *Classes and Cultures: England 1918–1951*, Oxford: Oxford University Press, 1998, S. 506.
7 Zur Geschichte des Ministry of Information vgl. Ian McLaine, *Ministry of Morale*, London: George Allen & Unwin, 1979.
8 Ibd., S. 26.
9 Max Hastings, *Bomber Command*, London: Michael Joseph, 1979, S. 39–40.
10 A.J.P. Taylor, *Beaverbrook*, London: Hamish Hamilton, 1972, S. 403, 431.
11 Zur Einstellung der Zeitungen und der maßgeblichen Persönlichkeiten in der Fleet Street zum Krieg allgemein vgl. Angus Calder, *The People's War*, London: Jonathan Cape, 1969; zu einer ausführlicheren Erörterung der Presse-Einstellungen gegenüber dem Bomber Command vgl. Connelly, *Reaching for the Stars*, S. 49–54, 111–120.
12 Nicholas Reeves, *The Power of Film Propaganda: Myth or Reality?*, London: Cassell, 1999, S. 156–157.
13 Vgl. beispielsweise *Pathé Gazette* vom 4. Dezember 1940, 2. Dezember 1942 und 19. November 1942. Vgl. ferner *British Movietone News* vom 12. Juni 1941 und 21. Mai 1942.
14 Vgl. Hastings, *Bomber Command*, S. 251–253.
15 Public Record Office [PRO]. AIR 20/4229. Harris-Aktennotiz vom 28. Juni 1942.
16 Vgl. Connelly, *Reaching for the Stars*, S. 9.
17 Martion Middlebrook und Chris Everitt, *Bomber Command War Diaries*, London: Viking, 1985, S. 22.
18 Vgl. Ibd., S. 26–27.
19 Connelly, *Reaching for the Stars*, S. 30–31.
20 Winston S. Churchill, *War Speeches*, 3 Bde., London: Casell, 1963–64, Bd. 2, S. 25.

21 Zitiert in: Richard Morris, *Gay Gibson*, London: Penguin, 1995, S. 175.
22 Vgl. Connelly, *Reaching for the Stars*, S. 117.
23 PRO: AIR 2/7852. Brief Portals an Sinclair, 26. Oktober 1943.
24 Ibd. Brief Harris', 25. Oktober 1943.
25 Tom Harrisson, *Living Through the Blitz*, London: Penguin, 1990, S. 314–316.
26 *New Chronicle*, 2. Mai 1941.
27 Zitiert in: Michael Balfour, *Propaganda in War, 1939–1945: Organisations, Politics and Publics in Britain and Germany*, London: Routledge, Kegan Paul, 1979, S. 201.
28 *New Statesman*, Bd. 27, Nr. 677, 12. Februar 1944.

Ein Volk von Opfern?
Die deutsche Debatte

Cora Stephan

Wie man eine Stadt anzündet

Osnabrücks Altstadt mit ihren historischen Baudenkmälern lag nach dem letzten Bombenangriff am Palmsonntag 1945 zu 94 Prozent in Trümmern. In den 60er Jahren wollten die Stadtväter die Schutthalde vollends planieren. Wir Jungen, die in den billigst zu mietenden Abbruchhäusern der Altstadt ihre Zusammenkünfte hielten, wehrten uns gegen den Totalabriss. Aus unklaren Gründen: Vielleicht, weil uns die moderne Alternative nicht schöner vorkam. Vielleicht auch, weil wir nicht den letzten Rest einer Geschichte verlieren wollten, die wir gar nicht kannten. Heute ist die wieder erstandene Altstadt die Attraktion der Stadt.

So it goes.

Und das ist der Rest der Geschichte: Osnabrück war 1648 neben Münster der Ort, wo der Dreißigjährige Krieg im Westfälischen Frieden beendet wurde. Mit diesem Friedensschluss begann eine Epoche der eingehegten europäischen Staatskriege, in der ein Kodex galt, der zwar alt ist – die griechischen Hopliten folgten ihm ebenso wie die mittelalterlichen Ritter –, der aber in Jahrzehnten entfesselter Religionskriege zerschlissen war.

Der eingehegte, also durch Regeln eingeschränkte Krieg der Kabinetts- und Manöverkriege war Stellvertreterkrieg; er beschränkte die überdies streng gezügelte Gewalt auf die Kombattanten, sparte die Zivilbevölkerung aus, mäßigte den Sieger. Niemand sollte den Unterlegenen seine Religion und Lebensweise aufzwingen dürfen, Landesgrenzen galten als ebenso unantastbar wie die rechtmäßige Regierung. Mit Napoleons Massenarmeen, die weder Grenzen noch Ressourcen respektieren, bricht der alte Kodex auf. Im Zweiten Weltkrieg ist er erledigt. Asche auf Osnabrück und den Westfälischen Frieden.

So it goes.

Der Zweite Weltkrieg nähert sich dem totalen Krieg, der keinen Unterschied macht zwischen Soldaten und Zivilisten. Nicht nur Deutschland brach das Völkerrecht. Auch Churchills Strategie, die deutsche Bevölkerung in den Aufstand gegen Hitler zu bomben, erledigte den Unterschied zwischen Zivilbürgern und Kombattanten. Aber Hitler schwebte längst die Verschmelzung aller Deutschen zum soldatischen Typus vor. Indes gibt es einen Unterschied zwischen Soldaten und Bürgern, der auch den Briten geläufig war: Letztere konnten im Bombenhagel nicht die weiße Fahne hissen und sich ergeben.

Jörg Friedrichs Buch «Der Brand» raubt alle Illusionen, die sich an die Hoffnung knüpfen mögen, das Böse sei vom Guten klar zu scheiden. Der Bombenkrieg insbesondere der Briten gegen Deutschland richtete sich, möchte man gern glauben, lediglich gegen militärische Objekte und gegen die industrielle Basis Nazideutschlands – alle andere Zerstörung war ein Versehen, das sich den Mängeln der noch nicht ausgereiften Waffe verdankte.

Dem ist nicht so, wie die Quellen zeigen. Churchills «moral bombing» hatte die Moral, also den Durchhaltewillen der Zivilbevölkerung im Visier. Überdies sei sie selbst dran schuld, wenn sie die Städte nicht verließe: Sie wurden zum Kriegsschauplatz erklärt, auf dem Frauen und Kinder nichts zu suchen hätten.

Um «blinde Zerstörung» ging es dabei nicht. Die Zerstörung war gezielt. Feuerwehrleute und Ingenieure untersuchten die deutschen Städte auf ihre Brennbarkeit; man studierte die Feuerversicherungen, die Rückschlüsse auf das deutsche Mobiliar zuließen, und untersuchte Luftbilder, um Brandmauern ausfindig zu machen. Kulturdenkmäler galten nicht als Hinderungsgrund. Das Nötige dazu stand im «Bomber's Baedeker«.

Der Einsatz der Waffen entsprach dem Vorgefundenen. Man wolle «nahezu jede Wohnung in fast jeder deutschen Stadt» zerschlagen, versprach Churchill Stalin im August 1942. Das ist fast gelungen. Die «Ausrottung» der Bevölkerung gelang indes nicht. Dabei fand Churchill die Idee nicht zu jeder Zeit abwegig. Und die halbe Million Milzbrandbomben, die er am 8. März 1944 in den USA bestellen ließ, bezeichnete er vorsorglich «als eine erste Lieferung«. Doch er setzte sie nicht ein.

Die vor allem im Blick auf den Zweiten Weltkrieg geäußerte Überzeugung, im Krieg sei immer die Zivilbevölkerung das erste Opfer, stimmt so nicht. Auf die Gesamtbevölkerung gerechnet, starben im Luftkrieg schätzungsweise 1,5 Prozent. Die Todesrate der deutschen Soldaten war zehnmal so hoch. Allerdings: 15 Prozent der Luftkriegstoten waren Kinder.

Auf der Strecke blieb die in Stein, Papier und Erzählung enthaltene Geschichte. Mit der Zerstörung insbesondere der mittleren deutschen Städte «ist eine Brücke eingebrochen zu einer Landschaft, die es nicht mehr gibt«. Nicht nur das Antlitz ihrer Städte, auch eine innere Leerstelle, wo andere sich in Tradition und Geschichte aufgehoben fühlen mögen, prägen die Deutschen und ihr Land.

Jörg Friedrich, einst studentenbewegt, gehört nicht zur Akademikergarde, die sich von den Geboten der politischen Korrektheit einschüchtern lässt. Der Mann hat noch nicht einmal Abitur, und den Ehrendoktor erhielt er von der Universität Amsterdam, nicht von deutschen Professoren. Seine dickleibigen Bücher (etwa «Das Gesetz des Krieges«) entstanden ohne ordentliche Lehrstelle und Inanspruchnahme öffentlicher Gelder. Er ist womöglich einer der letzten Privatgelehrten von Rang.

Friedrich ist nicht vom Zeitgeist, sondern von einer nicht selten unduldsamen Wahrheitsliebe beseelt. So jemand erspart sich kein Detail der Verbrechen des Nationalsozialismus, wie seine Mitarbeit an der «Enzyklopädie des Holocaust» zeigt. Naturgemäß ist so einer ebenso wenig davon abzubringen, seine Aufmerksamkeit auch auf das zu lenken, was seine Generation damals mit heute manchmal unverständlicher Mitleidlosigkeit ausblendete: die Leiden der deutschen Zivilbevölkerung im Zweiten Weltkrieg. Schon deshalb ist «Der Brand» kein Buch von der Art, die wir Jüngeren von unseren Eltern nicht mehr hören mochten: «die Engländer haben doch auch …» Es geht nicht ums Relativieren, hier wird auch nicht gerechtfertigt. Es wird zur Kenntnis genommen.

Doch bei aller Kühle der Bestandsaufnahme des Schreckens ist Friedrichs Buch auch eine Hymne, eine große Erzählung, ein Totengesang auf die verlorene Vergangenheit. Den größten Schrecken löst die Schönheit aus – ein aufwühlendes Kapitel im Buch gilt der hymnischen Beschreibung der untergegangenen deutschen Städte im Moment ihrer Vernichtung. Der Autor führt sich und uns vor Augen, was er selbst nie gesehen hat. Es ist eine Liebeserklärung; die Verbeugung vor einer Geschichte, deren Verlust zu empfinden sich die Nachkriegsdeutschen verboten.

Haben die Planierraupen der Wiederaufbaugeneration nicht sogar größeren Schaden angerichtet in den Städten als die Bomber der Alliierten? Und verdankt sich die Fühllosigkeit vieler Angehöriger der von 1968 geprägten Nachkriegsgenerationen wirklich nur dem Respekt vor den Opfern Nazideutschlands? Eine rabenschwarze Pointe liegt darin, dass der Luftkrieg Hitlers Vernichtungswünschen entgegenkam, der auf den Trümmern des kleinteiligen Mittelalters Großgermania errichten wollten. Die Architekten der Nachkriegszeit haben dafür den Kahlschlag in Beton gegossen.

Noch viel mehr wäre über das Buch zu sagen. Die Details der neuen strategischen Waffe des Luftkriegs werden minuziös geschildert, man könnte glatt eine Bedienungsanleitung daraus machen. Wir erfahren, was der Pilot sieht, bevor er mit roten Leuchtbomben markiert, was hernach Wuppertal gewesen sein wird. Wie viele Tonnen von Spreng- und Brandbomben welchen Zerstörungsumfang bewirken. Und wie sich das Instrumentarium verfeinert vom Beginn bis zum Ende des Bombardements. Das muss man schon durchhalten, denn der Autor erlaubt sich und dem Leser keine Distanzierung durch den erläuternden Kommentar oder die erklärende Sentenz. Er rechnet nicht auf, er rechnet selten ab. Er bedient sich der Kühle, denn auf den Subtext im Hirn des Lesers kann er sich verlassen.

Das Buch ist keine Thesengeschichte, es gibt noch nicht einmal ein Vor- oder Nachwort, in dem der Autor uns seine Absichten erläuterte. Er bleibt auch bei der Schilderung des Verbrennens und Verkochens im Feuersturm kühl, als ob er die Mimesis jener «Emotionslähmung» beabsichtige, die er den Deutschen nach dem Krieg attestiert. Er überlässt dem Leser allerhand verzweifelte Fragen nach dem Warum und Wieso.

War das strategische Bombardement der Alliierten unverhältnismäßig? Beobachter erklärten das Land nach 1945 für «overbombed». Dieser Umstand ließe sich höchstens mit einer deutschen Kollektivschuld für Verbrechen legitimieren, von denen man indes noch nicht von allem Anfang wusste.

Und als man etwas wusste? Im Frühsommer 1944 gelang vier jüdischen Insassen die Flucht aus dem Vernichtungslager Auschwitz. Ihr Bericht von den Gaskammern erreichte Washington und London, mit der Bitte um Bombardierung der Gleisanlagen nach Auschwitz. Churchill erteilte den Auftrag. Für einen Angriff auf Sicht – also tagsüber – waren indes die Amerikaner zuständig. John McCloy im Pentagon antwortete laut Protokoll seines Stellvertreters: «Kill this.» Es kam nicht zum Angriff auf Auschwitz. Warum nicht?

Was heißt das für eine Generation, die geprägt ist vom Bild der von alliierten Soldaten aus dem Lager befreiten Juden? Friedrich lässt sie mit ihren Vermutungen und Befürchtungen allein. Bekannt ist, dass antisemitische Ressentiments im Amerika der damaligen Zeit verbreitet waren. Es wurde als unklug angesehen, der Bevölkerung zu erklären, dass man bereit war, amerikanische Soldaten für Juden zu riskieren. Und nun mögen sich die Bilder jener Schiffe mit jüdischen Flüchtlingen einstellen, die nirgendwo landen durften, weil niemand die Juden haben wollte …

Weiter. War das Bombardement womöglich nicht verhältnismäßig, diente aber dazu, den Alliierten eine bessere Verhandlungsposition zu schaffen? Vielleicht. Aber wollte man verhandeln – und wenn ja: mit wem?

Und weiter: Nützte der Luftkrieg dem erklärten Ziel der Demoralisierung der Bevölkerung, damit sie einen Aufstand gegen die Regierung unternähme? Auch das war offenkundig nicht der Fall. Weil die Deutschen sämtlich verstockte Nazis waren? Oder, viel einfacher: «Wenn man Menschen in die Steinzeit zurückbombt, denken sie nicht an Aufstände, sondern nur ans pure Überleben» (Dieter Forte)?

Bleibt die These, das Bombardement habe die Invasion amerikanischer Bodentruppen vorbereiten sollen. Dafür erwies es sich als seltsam ineffizient. Die eigentlich zu befreienden Völker wie die Franzosen oder Belgier hatten einen Blutzoll zu bezahlen, der erheblich war. Nicht nur in Rouen oder in Leeuwen wurden Zivilisten getötet und Baudenkmäler zerstört.

Nun, so büßten die Deutschen eben für London und Coventry. Angemessene Vergeltung ist erlaubt im Krieg. Jörg Friedrich vergisst in der Tat weder die Ziviltoten in Großbritannien noch die Verlustrate der alliierten Bomberpiloten. Dennoch bleibt der Eindruck, dass, was als angemessen gelten kann, bald ausgereizt war. Und: Hitler baute den Luftkrieg nie zur strategischen Waffe aus.

Sind und bleiben aber nicht die Deutschen die Meister der kühl kalkulierten, der industriellen Massenvernichtung? Zweifellos. Doch auch die Massenbombardierung der Zivilbevölkerung aus der Luft war, schreibt Friedrich, «Millimeterarbeit» – kühl kalkuliert und industriell betrieben. Mag sein, dass auch von den Engländern ein Wort des Bedauerns schön wäre, wie es der britische Historiker Mark Connelly vorschlägt, da auch im Krieg nicht alle Mittel recht sind. Es entlastet die Deutschen nicht im Geringsten, da niemand hierzulande leugnen kann, dass die «Meister aus Deutschland» die völlige Ausrottung der Juden planten und durchführten – ganz außerhalb jeder Kriegshandlung.

Und die letzte Frage, die das Buch aufwirft, ohne dass sein Autor sie stellt: Was tun gegen Hitler, gegen einen Diktator, der Vertragstreue nicht kennt, der verhandlungsfähig nie war? Keine Ahnung. Womöglich genau das, was die Alliierten unter hohen Selbstkosten taten. Und dennoch: Das Übel, dem man eine breite Einflugschneise bombte, war auch nicht ohne – es hieß Stalin.

In Großbritannien hat Friedrichs Buch eine erregte Debatte ausgelöst. Hat er behauptet, dass Churchill ein Kriegsverbrecher war? Nein. Im Buch steht es nicht. Aber Churchill selbst hat für den Fall der Niederlage mit dieser Beschuldigung gerechnet. Ist Deutschland mit der Beschreibung der anderen Seite der Medaille exkulpiert? Wer käme darauf? Aber hat sich die Welt nun mit einem historischen Flankenschutz für Gerhard Schröders «deutschem Weg» auseinander zu setzen, mit Geschichtsrelativierung, ja Revanchismus; ist hier eine weitere Spielart des deutschen Antiamerikanismus zu verzeichnen?

Debattenbeiträge dieser Art sind vorhersehbar. Und es stimmt: Das Buch erscheint zur rechten Zeit. Im von Hitlerdeutschland angezettelten Zweiten Weltkrieg haben fast alle ihre Unschuld verloren. Die unbestreitbare Schuld der Deutschen hat es ihren Nachbarn lange Zeit ermöglicht, über die eigene Verstrickung hinwegzusehen. Jetzt aber bricht die eine oder andere Lebenslüge auf. Die Debatte über eigene Völker- und Menschenrechtsverletzungen, auf der junge Historiker in Polen oder Tschechien insistieren, zeigt das. Die Gründe dafür liegen gewiss nicht in einem die Deutschen entlastenden Relativismus. Sie liegen in der Notwendigkeit, Europa ein gemeinsames Fundament zu geben.

Wer die Unteilbarkeit von Menschenrechten deklariert, muss auch für die Vergangenheit als Kriegsverbrechen und Menschenrechtsvergehen bezeichnen, was man gewohnt war, als mehr oder weniger gerechtfertigte Rache hinzunehmen – bei unseren Nachbarn wie bei den nachgeborenen Deutschen selbst. Solange wir nicht Kriegsverbrechen Kriegsverbrechen nennen können, auch, wenn sie unseren Eltern und Großeltern gegenüber geschahen, sind die Deutschen kein sonderlich verlässlicher Partner in einer Gemeinschaft, von der man hofft, sie möge im Angesicht der europäischen Geschichte zu einer befriedeten Zivilisation zusammenwachsen.

In der Anerkennung historischer Verstrickung liegt keine gefällige Relativierung, sie erleichtert keine Schuld, sie duldet keine Verharmlosung. Ein «Die anderen haben doch auch …» entlastet nicht, im Gegenteil: Es beraubt uns der Vorstellung vom Guten und Richtigen. Das ist traurig und doch zugleich ein Rettungsanker gegenwärtiger und künftiger Politik – denn es gebietet die Abkehr von moralischer Selbstgewissheit, die ihre Mittel der Schrecklichkeit des Feindes wegen gerechtfertigt glaubt. Es gibt Diktatoren, deren Wort nichts gilt und die jede Regel missachten. Sie müssen in die Schranken gewiesen werden. Die Debatte über völkerrechtliche Grenzen einer solchen Intervention sind indes nicht bloß der Nebenschauplatz zum («moralisch») Gebotenen, sondern der Selbstschutz einer zivilen Gesellschaft, die um ihre Irrtumsfähigkeit weiß.

«Der Brand» ist ein schwieriges, verstörendes, ein großartiges, ein außerordentliches Buch. Es hinterlässt das Gefühl einer Trauer, die man teilen kann. Zum Beispiel mit den Engländern: «Hannover war ein eigenes Denkmal der Baukunst von herber Einheitlichkeit und schmucklosem Ernst. In der Strenge der Form verbanden sich gotischer Backstein, großstädtisch nüchternes Bürger-Fachwerk, prunkender Sandstein des höfischen Barock und mittelalterliche Monumentalität. Das Verschwinden des alten Rathauses, des Leibnizhauses, der Knochenhauer Straße, der ganzen Welfenstadt mit ihren europäischen Fenstern ist ein Streifen verbrannter Erde des alten Kontinents.»

Nun – wurde nicht Hannover zu Recht gestraft, hatte es doch die Ermächtigung Hitlers ermöglicht, indem es dem Österreicher die Professorenwürde verlieh, die ihm die Staatsbürgerschaft verschaffte, die für seine spätere Karriere unerlässlich war? Nichts da. Es war das (indes ebenfalls ausradierte) Braunschweig, das Hitler 1932 zum Staatsrat machte. Hannover war Sitz der sperrigen Welfen, denen seine Bürger die Treue hielten, weshalb sie sich ungern mit anderer Macht gemein machten. Das Haus Hannover bildete bis 1837 eine Personalunion mit England.

Auch die andere Seite zeichnet Verluste durch den Brand der Stein gewesenen Geschichte – ein Scheiterhaufen, auf dem nicht zuletzt die eigenen Vorstellungen von Anstand, Angemessenheit und Zivilität landeten. Das verbindet uns.

Willi Winkler

Nun singen sie wieder

Nach dem Ende, das in den vergangenen Jahren ganz unterschiedlich als «Zusammenbruch», «Niederlage» oder auch «Befreiung» erklärt wurde, war das zerstörte Deutschland zur Besichtigung freigegeben. Amerikaner, Franzosen, Engländer und Russen staunten über die verschreckten Menschen, die sie in den Ruinen vorfanden, und sie staunten noch mehr über die Steinmassen, in denen diese Menschen so lange Widerstand geleistet hatten. Der Krieg war vorbei, aber schon vor der bedingungslosen Kapitulation am 8. Mai 1945 begann die Geschichtsschreibung. Journalisten wurden Zeugen, wie die ersten Legenden zur neuen Wahrheit verstrickt werden. Im April 1945 notiert die Kriegsberichterstatterin Martha Gellhorn im besetzten Rheinland, wie es um Deutschland steht: «Niemand ist ein Nazi. Niemand ist je einer gewesen. Es hat vielleicht ein paar Nazis im nächsten Dorf gegeben, und es stimmt schon, diese Stadt da, zwanzig Kilometer entfernt, war eine regelrechte Brutstätte des Nationalsozialismus.» Natürlich waren alle dagegen, im zumindest inneren Widerstand und auf jeden Fall Opfer: «Wir haben von dieser Regierung die Nase voll gehabt. Ach, wie wir gelitten haben. Die Bomben. Wir haben wochenlang im Keller gelebt.» Die Reporterin schreibt alles auf, sammelt getreulich diese Stimmen, denn nichts davon soll verloren gehen. Schließlich fasst sie zusammen, was sie gehört hat: «Man müsste es vertonen. Dann könnten die Deutschen diesen Refrain singen, und er wäre noch besser. Sie reden alle so. Man fragt sich, warum die verabscheute Naziregierung, der niemand Gefolgschaft leistete, es fertigbrachte, diesen Krieg fünfeinhalb Jahre lang durchzuhalten.»

Denn niemand hat etwas gewusst, und außerdem waren alle dagegen.

Gleichzeitig mit dem Ende wurde der Bombenkrieg zur Dolchstoßlegende des Zweiten Weltkriegs. Wie konnte ein Land, das jeweils innerhalb von Wochen ganze Staaten überrannt hatte, das von diesem schmalen Landstreifen in der Mitte Europas aus bis vor Moskau, in den Kaukasus, ans Nordkap, zum Atlantik und in die libysche Wüste vorgedrungen war, zu guter Letzt doch noch besiegt werden? Weil, das musste die Erklärung sein, weil die anderen den Krieg mit unfairen Mitteln geführt haben.

Seit 1940 bombardierten erst englische, dann, ab 1942, auch amerikanische Bomber deutsche Städte. Der Wehrwille der Bevölkerung sollte gebrochen, der Krieg an die Heimatfront getragen werden. Der militärische Erfolg war gering, umso größer aber der Schaden für die Zivilbevölkerung. Hamburg ging unter, Würzburg, am Ende auch noch und völlig sinnlos: Dresden. Markante Punkte blieben stehen, der Kölner Dom zum Beispiel, weil die Flieger sich orientieren mussten. In den Industriestädten wie Augsburg und Nürnberg richteten sich die Angriffe gegen die Motorenherstellung, die Panzerproduktion sollte vernichtet, jeder Nachschub unterbrochen werden. Zugleich sollte es die Arbeiter in der Rüstungsindustrie, schließlich mit Fleiß die Zivilbevölkerung treffen. Über hundert deutsche Groß- und mittelgroße Städte wurden systematisch angeflogen, mit Sprengbomben zerschlagen, mit Feuerbomben verwüstet. (Was übrig blieb von diesen Städten, aber das gehört in einen anderen Gewaltzusammenhang, haben die Stadtdezernenten und Oberbürgermeister in den 50er und 60er Jahren besorgt, als es unbedingt die «autogerechte Stadt» sein musste.)

In seinem Buch «Der Brand. Deutschland im Bombenkrieg 1940–1945» intoniert der Historiker Jörg Friedrich ein weiteres Mal den großen Klagegesang der Städte im Feuerofen. Und das ist es vor allem, eine große Klage: 635 000 Menschen sind bei den Bombenangriffen gestorben, viele davon elendiglich verglüht, ausgetrocknet, eingedampft. Die Bahnstrecken nach Auschwitz wurden nicht bombardiert.

All das ist bekannt und wissenschaftlich gründlich durchgearbeitet. Friedrichs Verdienst besteht darin, dass er alles über Braunschweig und Osnabrück und Aschaffenburg und hundert weitere Städte zusammenträgt und den abstrakten Bombenkrieg an Einzelschicksalen zeigt. Auch wenn sein Buch in den Kaufhäusern neben den bewährten Militaria mit bilderreichen Bänden über die Luftwaffe, die deutschen Panzer und den U-Bootkrieg ausliegt, macht ihn das noch nicht zum finsteren Revisionisten.

Sein Erfolg gehört in die Welle der Sentimentalisierung, die offenbar notwendig ist. Hannah Arendt kam 1949 zum ersten Mal zurück in das Land, aus dem sie 1933 vertrieben worden war. Die Emigrantin beklagt die Zerstörung der deutschen Städte und die «Gefühlsunfähigkeit» ihrer Bewohner, also das, was Alexander Mitscherlich später die «Unfähigkeit zu trauern» nannte: «Inmitten der Ruinen schreiben die Deutschen einander Ansichtskarten von den Kirchen und Marktplätzen, den öffentlichen Gebäuden und Brücken, die es gar nicht mehr gibt.»

Jörg Friedrich gibt reichlich Gelegenheit zur Trauerarbeit. Das ist ganz und gar unverächtlich: Ohne die amerikanische Fernsehserie «Holocaust» hätte es nicht die wenn auch sentimentale breite Beschäftigung mit der Judenvernichtung gegeben. Bei aller Liebe zum Detail hätte das die Geschichtswissenschaft nie erreicht. So detailliert wie in Friedrichs epischer Nänie war vom Bombenkrieg noch nie zu lesen, aber dafür verzichtet er auf den Historiker, vermeidet jeden zeitgeschichtlichen Zusammenhang und richtet das Perspektiv ausschließlich auf die barbarischen angelsächsischen Luftkrieger und die Verheerungen, die sie in Deutschland anrichteten. Wie es dazu kam, wird geradezu chirurgisch sauber weggeschnitten. Schon die schlichte Einordnung des Luftkriegs in den Weltkriegszusammenhang hätte dem Buch nämlich viel von seiner sengenden Wirkung genommen.

Jörg Friedrich hat alles Recht zum Pathos, es fügt sich sein Buch nur erstaunlich widerstandslos in die kurrente Guidoknoppisierung der Zeitgeschichte. Plötzlich ist die sentimentalisierte die einzige Darreichungsform, wenn es um die alliierten Bombenangriffe und um die Vertreibung der Deutschen aus den Ostgebieten geht. Der Schriftsteller W. G. Sebald konnte vor ein paar Jahren die reichlich ahnungslose These aufstellen, die deutsche Literatur habe das Thema der Bombardierung nie bearbeitet, obwohl einer der bekanntesten Romane der Nachkriegsliteratur, Wolfgang Koeppens «Tauben im Gras» (1951), genau damit beginnt: «Flieger waren über der Stadt, Unheil verkündende Vögel. Der Lärm der Motoren war Donner, war Hagel, war Sturm. Sturm, Hagel und Donner, täglich und nächtlich, Anflug und Abflug, Übungen des Todes, ein hohles Getöse, ein Beben, ein Erinnern in den Ruinen.»

Aber schließlich gehen Auschwitz und das Herrenmenschentum der Nazis auch erst unter die Haut, seit der Kitsch als lindernde Salbe dazukommt. Dabei ist nicht einmal der Kitsch neu: In den 50er Jahren konkurrierte Gerd Gaisers «Sterbende Jagd» (1953) mit Gert Ledigs «Vergeltung» (1956) – dieser schilderte das Grauen der Luftangriffe, jener verherrlichte die deutschen Flieger zu wenigstens homerisch-edlen Rittern der Lüfte.

Auch wenn einem die publizistischen Schleppenträger von *Bild* bis *Focus* den «Brand» als Sensation verkaufen wollen: Friedrichs exklusiver Blick auf die Folgen der alliierten Bombenangriffe ist kein Tabubruch, nicht einmal eine mannhafte Aufwallung gegen die viel befabelte politische Korrektheit, sondern stammt aus dem Aufrechnungsbedürfnis der ersten Nachkriegszeit. Erich Kästner dichtete 1946 dieses seltsame «Marschlied» einer «jungen Frau in Männerhosen und altem Mantel, mit Rucksack und zerbeultem Koffer»: «Freilich, als die Städte starben … / als der Himmel sie erschlug … / zwischen Stahl- und Phosphorgarben – / damals war'n wir gut genug. / Wenn die andern leben müssten, / wie es uns sechs Jahr' geschah – / doch wir wollen uns nicht brüsten. / Dazu ist die Brust nicht da.» Nein, damit wollte man sich nicht brüsten, aber leider war nichts anderes da. Zwar übte man sich im kollektiven Beschweigen, aber doch nur, was die Ausrottung der Juden betraf. Beim eigenen Leid konnte man die Stimme schon gewaltig ertönen lassen, so wie es Grethe Weiser 1955 in der Musical-Komödie «Solang' es hübsche Mädchen gibt» von Arthur Maria Rabenalt tut. Unterm Bild eines jüdischen Ehepaars, das nach dem Krieg zurückkommen und womöglich Ansprüche erheben könnte auf sein altes Haus, findet die patente deutsche

Hausfrau, dass es die Emigranten im amerikanischen Exil doch so schön warm hatten, «während uns hier die Bomben auf den Kopf fielen».

Die Bomben kamen vom bösen Engelland, vom perfiden Albion, und von dort war ja nichts anderes zu erwarten als Niedertracht. Diese Einsicht ins fremde Volksvermögen stammte noch aus dem Propagandafeldzug während des Ersten Weltkriegs, und warum sollte es inzwischen da drin anders aussehen? 1935 hatte der große Weltkriegsverlierer und nachmalige Mitmarschierer 1923 vor der Feldherrnhalle in München, der General Erich Ludendorff, den Begriff «Totaler Krieg» entwickelt. Da hatte Hitlers und das Großmachtstreben seiner Generäle noch nicht einmal die Grenzen von 1937 erreicht. Totaler Krieg hieß: Bombardierung Warschaus, Rotterdams, später Belgrads. Totaler Krieg hieß schon vorher, am 26. April 1937, die waffenbrüderliche Zerstörung der baskischen Stadt Guernica durch die Legion Condor. Die Welt sollte das wieder erstarkte Deutschland von seiner besten Seite kennen lernen. Als das perfide Albion sich partout nicht fügen wollte, befahl Hitler den Angriff auf London. Bei einer Rede zur Eröffnung des Winterhilfswerks am 4. September 1940 versprach er den Engländern, die einen Angriff auf Berlin gewagt hatten, er werde «ihre Städte ausradieren». Wie das aussah, durften sie zehn Wochen später in Coventry begutachten. Der totale Krieg gebar ein weiteres Wort, es hieß «coventrieren». Ein anderes war der «Terror». Das waren die alliierten Angriffe, die zumeist nachts über Deutschland hereinbrachen. Nur eins half da noch: «Terror wird durch Gegenterror gebrochen».

Am 18. Februar 1943, als die Schlacht von Stalingrad endgültig verloren war, bestellte sich der Propagandaminister 15 000 Volksgenossen in den Berliner Sportpalast und fragte sie einen Katechismus der Vernichtung ab: «Wollt ihr den totalen Krieg? Wollt ihr ihn, wenn nötig, totaler und radikaler, als wir uns heute überhaupt noch vorstellen können?» Natürlich wollten sie, und vorne dran klatscht wie ein Berserker der heute auch gern als Opfer gefeierte Volksschauspieler Heinrich George, als Goebbels seinen Schlachtruf ausbringt: «Nun, Volk, steh auf, und Sturm brich los!»

Als es der deutschen Luftwaffe 1944 endlich gelang, mit der V 2 von der Kanalküste aus die Stadt London zu beschießen, triumphierte nicht bloß Goebbels, sondern auch ein sonst nicht weiter auffällig gewordener Dichter namens Gustav Adolf v. Ehrenkrook: «Die Bomben fallen ohn' Unterlass. – / Wer Hass gesäet, der erntet Hass, / den trifft des Schicksals rächend Hand. –» Ja, man müsste es vertonen.

«Der Durchschnittsdeutsche sucht die Ursachen des letzten Krieges nicht in den Tatsachen des Naziregimes», bemerkte Hannah Arendt bei ihrem Besuch in den Ruinen, «sondern in den Ereignissen, die zur Vertreibung von Adam und Eva aus dem Paradies geführt haben.» Ansonsten tröste man sich damit, «dass alle Menschen gleichermaßen Sünder seien».

Die Menschen sind vielleicht gleich, aber deshalb muss man nicht freiwillig auf alles Unterscheidungsvermögen verzichten. Wolf Biermann sprach im Zusammenhang mit dem verheerenden Angriff auf Hamburg 1943 einmal von «moralischer Ökonomie». Das ist kein schöner Begriff und in der Haager Landkriegsordnung auch nicht vorgesehen, aber wir sollten vielleicht nicht ganz vergessen, dass Hitler und Deutschland mit allen Mitteln besiegt werden mussten. Am Ende der Luftangriffe lag Deutschland wirklich am Boden. Wir, oder doch unsere Großeltern, waren befreit. Sollen es jetzt die Enkel besser ausfechten?

Auf der «Bravo-Blitz-Tournee» (schöner Name übrigens!) erklärte John Lennon 1965, dass er für die Heimreise ein deutsches Flugzeug bevorzuge, «they know the way to London». Woher wohl? Der Kolumnist David Aaronovitch hat im *Independent* die Antwort gegeben. Der Mann, dem der in einer Bombennacht geborene John Winston Lennon seinen zweiten Vornamen verdankt, mag für die Bombardierung deutscher Städte verantwortlich sein, «aber es hilft nichts: sie haben damit angefangen. Deshalb müssen wir uns bei den Deutschen auch nicht entschuldigen. Dass die Dresdner am Ende des Zweiten Weltkriegs in einem Feuerbombardement untergingen, lässt sich auf Entscheidungen zurückführen, die sie und ihre Landsleute Anfang der Dreißiger fällten.» Da wurde die NSDAP zur stärksten Fraktion im Reichstag gewählt, da ernannte Paul von Hindenburg, Ludendorffs Kompagnon aus dem Ersten Weltkrieg, Adolf Hitler zum Reichskanzler. Fünf Tage danach, am 3. Februar 1933, versprach Hitler den Befehlshabern des Heeres und der Marine Deutschland und morgen die halbe Welt: «Wie soll die politische Macht, wenn sie gewonnen ist, gebraucht werden? (...) Eroberung neuen Lebensraums im Osten und dessen rücksichtslose Germanisierung.»

Es hilft nichts, es waren die Deutschen, die damit angefangen haben.

Volker Ullrich

Weltuntergang kann nicht schlimmer sein

Nach jedem Angriff boten sich den Davongekommenen grauenvolle Bilder: «Eine junge Frau lag da wie eine ungut geratene Plastik. Die Beine mit verkohlten hohen Absatzstiefeln nach hinten in die Höhe gestreckt, die Arme wie zur Abwehr hocherhoben. Das Gesicht noch andeutungsweise erhalten, der Mund mit bräunlichen Zahnreihen weit geöffnet, sodass man nicht wusste, ob dieses Antlitz lachte oder schrie.» Das ist nur eines von vielen Zitaten, mit denen der Berliner Historiker Jörg Friedrich die Schrecken des Bombenkrieges gegen Deutschland im Zweiten Weltkrieg illustriert. Vom Verlag wird das Buch als «erste umfassende zeitgeschichtliche Darstellung» zum Thema annonciert. Zu Recht?

Vor fünf Jahren, Ende 1997, hatte der in England lebende (und mittlerweile verstorbene) deutsche Schriftsteller W. G. Sebald in einer Poetik-Vorlesung an der Universität Zürich kritisiert, dass der Bombenkrieg keine «Schmerzensspur» in der deutschen Nachkriegsliteratur hinterlassen habe. Das stimmte zwar nicht – von Hans Erich Nossacks Augenzeugenbericht vom *Untergang* Hamburgs im Feuersturm des Juli 1943 (1948) über Gert Ledigs Werk *Vergeltung* (1956) bis zu Dieter Fortes autobiografischem Roman *Der Junge mit den blutigen Schuhen* (1995) war der Luftkrieg immer wieder zum Thema der erzählenden Literatur gemacht worden. Darüber hinaus hatten sich ihm auch Autoren wie Alexander Kluge (mit seinem Fresko von der Zerstörung Halberstadts) oder Walter Kempowski (mit seiner Collage über die Vernichtung Dresdens) dokumentarisch angenähert. Doch gemessen an der Dimension der Katastrophe, blieb der Bombenkrieg ein eher vernachlässigtes literarisches Sujet. Und dafür gab es gute Gründe: Denn wer vom deutschen Leid sprach, weckte den Verdacht, von deutschen Verbrechen ablenken und Schuld aufrechnen zu wollen – was bei Rechten und Neonazis ja oft genug auch der Fall gewesen ist.

Anders war der Umgang mit dem Thema in der Öffentlichkeit während der Nachkriegszeit. In fast allen betroffenen Städten Westdeutschlands wurden Mahnmale errichtet oder Kirchenruinen in Gedenkorte umgewandelt, die bis heute an den Bombenkrieg und seine deutschen Opfer erinnern. Anders auch der Umgang mit diesem Kapitel des Zweiten Weltkriegs in Familie und Schule, wo Eltern und Lehrer gern und ausgiebig von den Nächten im Bombenkeller erzählten.

Insofern ist es überraschend, dass die Geschichtswissenschaft in der Bundesrepublik das Thema gemieden hat. Es führte lange Zeit eine Art Nischenexistenz in Stadtchroniken und lokalen Ausstellungen. Vielleicht spielten hier auch Gesichtspunkte der politischen Opportunität eine Rolle. In der DDR hatte man übrigens weniger Probleme, sich auch öffentlich mit dem angloamerikanischen «Luftterror» zu beschäftigen. Im Jahr 1990 erschien im Akademie-Verlag eine große zusammenfassende Geschichte des *Bombenkriegs gegen Deutschland*, die der DDR-Historiker Olaf Groehler noch vor der Wende geschrieben hatte. Das Buch wurde in den alten Bundesländern kaum rezipiert. Im vergangenen Jahr hat nun endlich auch Horst Boog vom Freiburger Militärgeschichtlichen Forschungsamt in Band 7 des Reihenwerks *Das Deutsche Reich und der Zweite Weltkrieg* den *Strategischen Luftkrieg in Europa* auf der Grundlage aller erreichbaren Archivquellen beschrieben.

Friedrichs Buch ist also nicht die einzige Gesamtdarstellung zum Thema, wohl aber die erste, die, wie es im Nachwort heißt, die «Leideform» des Bombenkriegs, also die Erfahrungen der unmittelbar Betroffenen, ins Zentrum rücken möchte. Es fügt sich damit ein in einen Trend, der bereits in diesem Frühjahr [2002] mit der durch Günter Grass' Novelle *Im Krebsgang* angestoßenen Debatte über das Schicksal der Vertriebenen sichtbar geworden war: nämlich verstärkt wieder, anknüpfend an die fünfziger und sechziger Jahre, der Deutschen als Opfer zu gedenken. Dagegen wäre vernünftigerweise nichts einzuwenden, wenn sich daran nicht allzu oft der Wunsch anschlösse, ihre Rolle als Täter in den Hintergrund zu drängen. Friedrichs Werk wird auch daraufhin gelesen werden müssen, inwieweit es ihm gelungen ist, der Opfer-Täter-Aufrechnungslogik zu entgehen.

Die Kapitelüberschriften sind von äußerster Lakonie – *Waffe, Strategie, Land, Schutz, Wir, Ich, Stein* –, und erst bei der Lektüre erschließt sich, was damit gemeint ist.

Waffe: Zunächst schildert der Autor die Entwicklung der Spreng- und Brandbomben – von der Vierhundertpfundmine, dem «Blockbuster», bis zum Elektron-Thermitstab –, die gerade in ihrer Kombination verheerende Zerstörungskräfte freisetzten. Er beschreibt die verschiedenen Bomber und ihre Besatzungen, die ihre tödliche Fracht über Deutschlands Städten abluden – und solange deutsche Jäger und Flakgeschütze noch heftige Gegenwehr leisteten, hohe Verluste in Kauf nehmen mussten. Von 125 000 Besatzungsangehörigen des britischen Bomber Command fielen 55 000, das heißt 44 Prozent. Die Angaben über die Zahl der deutschen Zivilopfer schwanken zwischen 420 000 und 570 000.

Strategie: Friedrich erläutert die Absichten, die der im Sommer 1941, bald nach dem deutschen Überfall auf die Sowjetunion, im britischen Kriegskabinett beschlossenen Strategie des *area bombing,* des Flächenbombardements, zugrunde lagen. Damit sollte nicht nur die Rüstungsproduktion getroffen, sondern die Moral der Zivilbevölkerung gebrochen werden. Zum Vollstrecker dieser Strategie wurde Luftmarschall Harris, der als «Bomber-Harris» eine traurige Berühmtheit erlangen sollte. Eindringlich wird geschildert, wie die strategische Luftoffensive, einmal entfesselt, eine Eigendynamik entwickelte und ein immer größeres Maß an Tod und Vernichtung über die deutsche Bevölkerung brachte – bis hin zum Frühjahr 1945, als die Bomberflotten nahezu ungehindert auch noch die letzten unzerstörten Städte in Schutt und Asche legten und Tiefflieger auf alles schossen, was sich am Boden bewegte. Hitlers «Wunderwaffen», die V1- und V2-Raketen, die vom Juni 1944 bis März 1945 eingesetzt wurden, richteten, wie Friedrich vorrechnet, insgesamt weniger Schäden an als ein einziger Großangriff gegen eine deutsche Stadt.

Land: Beginnend im Norden mit der Hansestadt Lübeck, deren Altstadt Ende März 1942 das erste Opfer des Brandkrieges aus der Luft wurde, schreitet der Autor systematisch die Geografie der Zerstörung ab. Minuziös wird aufgelistet, wann und wie oft eine Stadt angegriffen, wie viele Tonnen Bomben auf sie abgeworfen und wie viele Zivilisten getötet wurden. Um zu verdeutlichen, wie viel Geschichte damit zugleich ausgelöscht wurde, verbindet Friedrich die Darstellung des Vernichtungswerks mit langen, manchmal allzu aus- und abschweifenden Exkursen über die Vergangenheit der bombardierten Städte.

Schutz: Friedrich weist nach, dass das NS-Regime nur höchst unzureichend Vorsorge für den Luftkrieg getroffen hatte. Es gab in den Großstädten nur wenige bombensichere Großbunker, was dazu führte, dass sich die Menschen in dem Gedränge vor den Drucktüren häufig zu Tode trampelten. Im Einzelnen schildert der Autor das System der Luftschutzverteidigung – vom Luftschutzwart, der über die Verdunkelung wachte und den Dachstuhl verteidigte, bis zu Löschmannschaften, die häufig einen vergeblichen Kampf gegen die Feuersbrunst führten, und Bergungstruppen, die Tote und Verschüttete bargen, Blindgänger entschärften und Trümmer beseitigten. Bei dieser strapaziösen und gefahrvollen Arbeit setzten die Nazis gern auch Zwangsarbeiter und KZ-Häftlinge ein. Ebenso detailliert wird über Hilfsmaßnahmen für die Ausgebombten berichtet – von Massenspeisungen und Notunterkünften bis zu Evakuierungen großer Teile der großstädtischen Bevölkerung in ländliche Regionen.

Wir: Eingehend untersucht Friedrich die psychologischen Folgen des Bombenkrieges. Er kann zeigen, dass die Angriffe zunächst das Gegenteil der beabsichtigten Wirkung erzielten – statt die Durchhaltemoral zu schwächen, stärkten sie das Zusammengehörigkeitsgefühl unter den «Volksgenossen». Doch im Sommer 1943, zumal nach dem verheerenden Unternehmen «Gomorrha» gegen Hamburg, schlug die Stimmung um. Das Gefühl, den Luftschlägen ohnmächtig ausgeliefert zu sein, verband sich mit kritischen Äußerungen gegen Nazi-Chargen, ohne dass daraus der Wille zur Rebellion erwuchs. Verzweiflung, Abstumpfung und ein überwältigendes Bedürfnis nach Schlaf bestimmten vielmehr die Haltung der Bombardierten bis zum Ende des Krieges.

Ich: Am eindrucksvollsten ist die Darstellung dort, wo sie der Frage nachgeht, wie der Einzelne das Bombardement erlebte und wie er das Erlebte verarbeitete. Das Warten auf den Alarm, das Aufheulen der Sirene, das Rennen in die Schutzräume, die Geräusche der niederfallenden Bomben, die näher kommenden Einschläge, Angst und Panik im Keller, der Verlust des Zeitgefühls, die emotionale Starre – und der Rauschzustand nach überstandenem Angriff: Das hat noch kein Historiker so intensiv, so einfühlsam erzählt wie Jörg Friedrich. «Weltuntergang kann nicht schlimmer sein», lesen wir immer wieder in den Berichten der Zeitzeugen. Wer diese Hölle überlebte, der war gezeichnet – ein Leben lang.

Stein: Ebenso verdienstvoll ist auch, dass der Autor am Ende daran erinnert, wie viel unersetzliches Kulturgut – Baudenkmäler, Archive, Museen, Bibliotheken – im Inferno des Bombenkriegs zerstört wurde, wie viel aber trotz allem auch durch Auslagerung in unterirdische Stollen gerettet werden konnte.

Dennoch hat der Rezensent (der im Juni 1943 in einem Luftschutzkeller geboren wurde) dieses Buch mit zwiespältigen Gefühlen aus der Hand gelegt, und dies vor allem aus zwei Gründen: Zum einen versäumt es der Verfasser weitgehend, den politisch-militärischen Kontext deutlich zu machen, in dem der strategische Luftkrieg der Alliierten stattfand; zum anderen hält er sich, was die historisch-moralische Bewertung des Geschehens angeht, merkwürdig bedeckt.

Friedrich verschweigt nicht, dass die Strategie des *area bombing* von den Briten nicht erfunden, sondern bereits von Hitlers Luftwaffe praktiziert worden war: mit der Bombardierung der Warschauer Innenstadt im September 1939, der Einäscherung Rotterdams im Mai 1940 oder der Zerstörung der mittelenglischen Industriestadt Coventry im November 1940. Doch diese Vorgeschichte rechtfertigt in den Augen des Autors nicht die rücksichtslose alliierte Luftkriegführung. Rotterdam und Coventry seien einmal, die meisten deutschen Städte aber viele Male bombardiert worden. Muss aber, wer Wind sät, nicht damit rechnen, Sturm zu ernten? Hatte Thomas Mann nicht Recht, als er in einer Rundfunkansprache aus dem kalifornischen Exil an die deutschen Hörer seine Trauer über den Verlust seiner Vaterstadt Lübeck zum Ausdruck brachte, doch hinzufügte: «Aber ich denke an Coventry und habe nichts einzuwenden gegen die Lehre, daß alles bezahlt werden muß»? Und bezahlten die Deutschen letztlich nicht auch einen hohen Preis dafür, dass sie, jedenfalls in ihrer Mehrheit, ein rassistisches Regime unterstützten, das einen Weltkrieg entfesselt hatte und die millionenfache Vernichtung von Menschen betrieb? Man sollte nicht vergessen: So grauenhaft der Angriff auf Dresden im Februar 1945 war – er bedeutete zugleich die Stunde der Rettung für den mit dem Tode bedrohten Victor Klemperer.

Freilich: Auch in Großbritannien wird seit einiger Zeit darüber gestritten, ob die Flächenbombardements gegen deutsche Städte nicht weit über das militärisch zu rechtfertigende Maß hinausgegangen, also als moralisch verwerflich zu betrachten seien. Manches deutet darauf hin, dass Friedrichs Buch der Debatte jenseits des Kanals noch einmal kräftigen Auftrieb geben wird. Der Autor selbst hat in einem *Welt*-Interview auf die Frage, ob er den alliierten Bombenkrieg als Kriegsverbrechen gewertet wissen möchte, geantwortet: «Ich beziehe dazu keine Stellung.» Doch indirekt, durch den emotionalisierenden Duktus der Darstellung, vor allem durch wiederkehrende sprachliche Wendungen, tut er dies durchaus. Da ist von einem «Auftrag zur Massentötung» die Rede, von «Zivilmassakern», von einem «mongolischen Vernichtungsorkan» und «unerklärlicher Vernichtungstrunkenheit». Mehr noch: Indem der Autor Keller als «Krematorien», Bombenopfer als «Ausgerottete» und die Bomber Group Number 5 als «Einsatzgruppe» bezeichnet, rückt er den alliierten Luftkrieg semantisch in die Nähe des Holocaust. Vermutlich würde der Autor jeden Verdacht, er habe die alliierten Untaten gegen die der Deutschen aufrechnen wollen, weit von sich weisen. Doch dieses Dementi klänge überzeugender, wenn er sich in seiner Wortwahl größerer Trennschärfe befleißigt hätte.

Bei allem Unbehagen: Jörg Friedrich wird die historische Diskussion beleben. Sein Buch enthält viel Sprengstoff. Wir täten gut daran, behutsam damit umzugehen.

Peter Wapnewski

Bomben auf die Reichshauptstadt 1943/44

I

Die Zeitzeugenschaft bedarf einer Erklärung. Im Juli 1942 machte sich meine Panzerkompanie inmitten der 13. Panzerdivision, Kommandeur Generalleutnant Herr, nachdem Rostow erobert, der Don überschritten war, auf den Marsch in Richtung Kaukasus. Aus dem ich bald ausscherte, herausgeschossen aus meinem Panzer (das war der damals modernste Typ, 5-cm-Langrohr). Auf abenteuerlichen Wegen kam der Verwundete über die Stationen Rostow und Taganrog, dann mit dem Flugzeug (der schon damals guten alten Tante JU auf Strohsäcken inmitten anderer Versehrter) im Tiefflug nach Krakau. Von dort, eine Woche später, mit dem Lazarettszug nach Leisnig in Sachsen – schließlich nach Berlin in das Reservelazarett 101, aus dem nach dem Kriege wieder ein Krankenhaus wurde, nämlich die nach Rudolf Virchow benannte Klinik.

Meine Verwundung betraf das eine Auge, und die Ärzte versuchten es zu bewahren. Was auf dem Wege von einem halben Dutzend Operationen vor sich gehen sollte, in gehörigen Zwischenzeiten aufeinander folgend. Daraus erklärt sich, dass ich nahezu anderthalb Kriegsjahre in Berlin verbrachte, im Lazarett stationiert, aber, wann immer möglich, die Universität aufsuchend oder unsere Wohnung im Hause Charlottenburg, Kantstr. 6. Das sich lehnte an die Schienenstränge des Bahnhofs Zoo. So kam es denn, dass ich wohl Hunderte von Bombenangriffen auf Berlin erlebte – und überlebte. Dass das Auge letztlich nicht zu retten war, ist eine andere Geschichte, jedenfalls erhielt ich im Februar 1944 den Marschbefehl in Richtung auf meinen Ersatztruppenteil, der stationiert war in Wien-Mödling, versehen mit der abwertenden, mich vor erneutem Fronteinsatz bewahrenden Signatur «AvH», das wollte heißen:

«Arbeitsverwendungsfähig Heimat».

II

Anderthalb Jahre unter Bomben auf Berlin. Vergeblich werden wir einst, so sagten wir damals, den Kindern und Enkeln dieses Geräusch nahe zu bringen versuchen, dieses grausame, Luft und Mauern und den Atem zerschneidende Jaulen der Luftschutzsirenen, das An- und Abschwellen dieses mörderischen Tons, einer heulenden Wolfsmeute gleich, der schlagartig das Lebensgetriebe lähmte, es verwandelte und den Menschen ihren jeweiligen Ort, ihr jeweiliges Tun zu verlassen befahl und sie in den Schutzraum drängte. Das heißt in den Keller unter den Häusern, nicht als Zufluchtsraum gebaut, allenfalls Schirmung versprechend, wenn die Bombe nicht direkt zuschlug. Man hastete, stolperte, schlich die Stufen hinunter, von «Luftschutzwarten» gewiesen oder getrieben, die scheinbaren Unentbehrlichkeiten in Taschen und Koffern an sich gerafft oder auch ohne Gepäck, wenn ereilt irgendwo unterwegs, am Tag oder in der Nacht.

Das Leben oben erstarrte, es verkroch sich unter die Erde, S-Bahn und U-Bahn und Straßenbahn hielten an bestimmten Punkten, die Passagiere verflüchtigten sich in gruftige Gänge, Keller, Bunker. Nächtlich dann die bellenden Stimmen «Licht aus!», wenn irgendwo ein Licht die Verdunklung durchbrochen hatte, ein Vorhang versehentlich nicht geschlossen war; und die Autos blinzelten trübe durch Schlitze aus ihren abgeblendeten Scheinwerfern.

III

Das warnende Radio hatte sie angemeldet. «Mittlere» oder «schwerere Verbände» auf dem Flug nach – und dann klammerte man sich an das Sankt-Florians-Prinzip und hoffte, diese fliegenden Verbände würden abbiegen, eine andere Stadt als Ziel suchend. Eine Hoffnung, die dann der «Voralarm» zerstörte. Der in den eigentlichen Alarm wellenheulend überging. Wer da in der Nachtschwärze noch einmal zum Himmel blickte, konnte die Lichtgebilde entdecken, von Pilotflugzeugen abgeschossen als Fixpunkte für die nachfolgend zielenden Bombenträger – wir nannten sie mit poetischem Zynismus «Christbäume».

Die Tortur der Stunden im Luftschutzkeller. Die Angst lag als ein Meltau über uns, verdichtete sich zu stickiger Luft, zum Schneiden dick, ich habe erlebt, wie alterprobten Frontsoldaten die Zähne klapperten – nein, nicht als Metapher, sondern als physischer Reflex auf diese grausame Situation einer Bedrohung, der man blind und gelähmt ausgeliefert war, keinen Gegner erfassend, ohnmächtig zu einer Geste der Gegenwehr. Man zählte die Einschläge, schätzte die Entfernung vom eigenen Ort, registrierte «Bombenteppiche» und benannte fachmännisch das Bombenkaliber, duckte sich zusammenzuckend unter den schwersten, die wir «Luftminen» nannten. Kalk blätterte von den Wänden, Wände und Boden zitterten, nicht nur Kinder wimmerten, und leise nur die Worte vom einen zum andern. Und merkwürdig: Nicht einmal habe ich in diesen ungezählten-zählbaren Stunden so etwas gehört wie aufbegehrende Verwünschungen gegen die Feinde, wie Flüche der Empörung gegen England oder die Vereinigten Staaten. Wohl aber eine gelassene Hilfsbereitschaft erlebt der so genannten Hausgemeinschaft, deren Mitglieder sich bisher kaum zur Kenntnis genommen hatten, allenfalls ein kurzer Gruß bei der Begegnung im Treppenhaus oder im Fahrstuhl. Und Herr Geißler, unser Haus- und Luftschutzwart, verließ – ihm war das erlaubt – den Schutzraum und inspizierte die Stockwerke und den Speicher, Brandbomben aufspürend. Bis er mich als einen der wenigen beweglichen Männer zur Hilfe aus dem Keller holte: «Nun ist es so weit …!» Das Haus brannte lichterloh, brannte stockweis ab, binnen Stunden, vom Giebel an erdwärts, zum ersten Mal erlebte ich die Wirklichkeit einer Feuerwand, einen mit rasendem Rauschen sich schrittweis vorarbeitenden Flammenvorhang, die weite Wohnung Meter um Meter auffressend, ich ging an die Bücherwand, nahm in einer Art von Bewusstseinsversetzung diesen und jenen Titel heraus, schleuderte ihn in die Flammen … Wir retteten ein paar Bilder, einen Teppich, den kostbarsten, auch er war bald verloren, einen Kabinenkoffer, ein paar Taschen – sahen dann von der gegenüber liegenden Straßenseite unseres vierstöckigen Hauses Mauern zusammenbrechen, schleppten das zusammengeraffte Zeug in eine verlassene Wohnung: «durchgepustet», so nannten wir Wohnungen, die vom wüsten Luftdruck der in der Nähe einschlagenden Bombe bis zur Unbewohnbarkeit demoliert waren. Aßen Rhabarberkompott, das die Mutter eingeweckt hatte in Sektflaschen, schliefen ein paar Stunden auf den Koffern, holten uns am nächsten Tag Lebensmittelkarten ab von improvisierten Verteilungsständen. Es mag verwunderlich klingen, wenn ich vor den rauchenden Trümmern, aus denen ich ein paar Tage später noch Tafelbesteck herausklaubte, so etwas empfand wie Erleichterung. Nun brauchte es die Sorge nicht mehr, die monatelang bedrückende, um das materielle Hab und Gut, jetzt war man auf eine brutale Weise arm, also frei. Hatte «alles verloren», damals eine gängige Formel.

Übrigens war dieser Feuerbrand eine hochsymbolische Lohe: Das Datum war der 30. Januar 1944. Der Tag der «Machtübernahme», richtiger der Machtübergabe, exakt elf Jahre vorher.

IV

Es muss noch ein Wort gesagt werden zu der Stimmung in unserem Luftschutzkeller in der Kantstraße Nr. 6. In der Wohnung über der unseren, im zweiten Stock, wohnte und praktizierte ein Zahnarzt. Sein Nachname polnisch klingend wie der meine, aber seit geraumer Zeit trug sein Arztschild einen zusätzlichen Vornamen, nämlich «Israel». Er war also Jude, trug den gelben Davidstern, und dass er, bis sie verbrannte, noch eine Wohnung hatte, verdankte er dem Umstand, dass seine Ehefrau Nichtjüdin war. Und heute bemächtigt sich meiner Erinnerung eine Situation, die ich weder damals noch in der Folgezeit als bemerkenswert empfunden hatte. Erst die Lektüre der erschütternden Erlebnisse des Romanisten Victor Klemperer in Dresden, diese Begebnisse der widerwärtigsten Demütigung, der schäbigsten Erniedrigung, der brutalsten Gemeinheit durch die damaligen «Volksgenossen» hat mich zu begreifen gelehrt: dass Berlin anders war. Dass dieser preußische Menschenschlag inmitten aller Unmenschlichkeit sich einen spürbaren Rest von Menschlichkeit reserviert hatte. Solche Mentalität hat Verfolgung, Deportation, Ermordung nicht verhindert und auch nicht die Tortur, die seelische und körperliche in den Zentralen der Gestapo in der Prinz-Albrecht-Straße, in den Amtsstuben und Gefängnissen – aber in der alltäglichen Wirklichkeit des Kriegsalltags hat nach meiner Beobachtung nie stattgefunden, was in anderen Provinzen (wie etwa der von Klemperer erlebten) offenbar gängige und sadistisch praktizierte Übung des Inhumanen war.

Und also berichte ich hier, was ich bisher nie für berichtenswert hielt: dass der Soldat P. W. in voller Uniform «mit Orden und Ehrenzeichen» in dem dicht besetzten Kellergewölbe unmittelbar neben dem anderen saß, dessen Ehrenzeichen der gelbe Stern war. Und man unterhielt sich miteinander in ruhiger Selbstverständlichkeit und ohne jegliche abschirmende Vorsichtsgestik über die politische Lage. (Den «deutschen Blick» nannte man damals den ängstlich sichernden Blick ringsum zu Beginn eines Gesprächs.) Und der Jude bot dem Soldaten sogar, gegen das Gesetz, seine zahnärztliche Hilfe an – eine Offerte, von der beide, vermutlich zu ihrem Glück, nicht Gebrauch gemacht haben.

Es bleibt unvergessen, dass nicht nur keiner der so genannten Volksgenossen in dem voll gedrängten Keller Anstoß genommen hat an dieser – einer Demonstration verdächtigen – Begegnung, sondern dass auch nur der Gedanke, es könne solche Gemeinsamkeitsbezeugung berührt sein von dem Hauch des «Besonderen» oder gar Ungehörigen, niemanden angerührt hat.

Als dann das Haus brannte, haben wir zuerst aus der Wohnung des halbjüdischen Ehepaares einige Gegenstände zu retten versucht, wohl wissend, dass es den Eigentümern schwerer als uns gemacht werden würde, wieder Fuß zu fassen. Ob es ihnen gelungen ist?

V

Bombenterror, Bombenschrecken über Berlin. Im Herbst 1943 nahm er wütend zu. Ich habe mich durch U-Bahn-Schächte durchgeschlagen, als die Straßen brannten und kein Durchkommen mehr war. Ich habe den ekelhaften süßlichen Leichengeruch eingeatmet, der aus den Haustrümmern herausschwelte. Habe, von Entsetzen gelähmt, die Berichte gehört von den Kellern, die nicht zusammengestürzt waren, aber in die unaufhaltsam Wasser floß aus zerbombten Rohren, und der Wasserspiegel stieg Zentimeter um Zentimeter, und schließlich erstickten gurgelnd in ihm die letzten Atemzüge. Man hatte die Schreie der eingemauerten Ertrinkenden noch gehört – und so verzweifelt wie vergeblich versucht, sie zu retten. Und ich stand vor Ruinen, die einst die Wohnungen der Freunde und Verwandten gewesen waren – und wenn man Glück hatte, wenn sie Glück gehabt hatten, kündeten Zettel und Kreideaufschriften, dass sie lebten, noch lebten, wieder lebten und dass man sie da und dort finden könne.

Wenn die Entwarnung kam, stieg man aufs Dach, ortete die brennenden Häuser, die den Himmel rötenden glühenden Stadtteile. Und fühlte sich dem Leben wieder geschenkt, für zwölf Stunden oder vierundzwanzig Stunden oder gar länger? Denn man kalkulierte, erfahrungsgestärkt, mit gewissen Wetterlagen und durfte gelegentlich vermuten, dass beispielsweise die kommende Nacht Ruhe geben werde, denn bei Vollmond flogen die Bombengeschwader nicht, weil sie ein allzu leichtes Ziel für die Flakgranaten abgegeben hätten. Der Mensch ist wunderlich organisiert, nämlich so, dass er sich des Lebens freut, auch wenn die Frist für Leben und Freude begrenzt ist. So aber war es. Mehr noch: die Gewissheit der bald wiederkehrenden Lebensgefährdung steigerte den Lebensgenuss.

Man kontrollierte Elektrizität und Gas und ließ die Badewanne wieder voll laufen – denn von den mittlerweile als Normalität empfundenen Mängeln war einer schwerer als alle anderen zu ertragen: das Fehlen von Wasser.

VI

Ich vermag nicht zu sagen, ein wie großer Teil des deutschen Volkes damals (noch) aus enragierten, aus überzeugten Nationalsozialisten bestand. Da ein jeder Mensch sich seine Umgebung, soweit irgend möglich, selbst auswählt, mögen meine Begegnungen nicht als exemplarisch gelten könne. Meine Ärzte in der Abteilung 17 («Augen») des Lazaretts, Reservisten allesamt, gaben sich wenig Mühe, ihre dezidierte – wenn auch abgestufte – antinazistische Gesinnung zu tarnen. Ähnlich die Krankenschwestern – von einer nur, von Paula wusste man, dass sie eine Nazisse war und man sich vor ihr besser zurückhielt mit flotten staatsgefährdenden Sprüchen. Die Patienten, die Kameraden waren zwar politisch nicht gerade oppositionell eingestellt, schienen mir aber von einer nüchternen, indolenten und auch phlegmatischen Gleichgültigkeit bestimmt zu sein. Es gilt mir als gewiss, dass damals die Nation zwar immer noch «wie ein Mann» den Krieg bestand, zu ihrem eigenen katastrophalen Unglück, doch bin ich sicher, dass diese opferungswütige Einhelligkeit Folge des innenpolitischen Terrors war: Die Klammer der Angst lag als Joch über dem Kollektiv. Der Einzelne hingegen fand sich ab mit Hilfe einer Form der schnoddrigen Resignation. Wie sagte einer meiner Kameraden in Zimmer 7: Es heiße der neue deutsche Gruß nun «Heil-Schultheiß-Patzenhofer!». Auf die unverstehende Nachfrage: «Na, an jeder Ecke 'ne Niederlage ...!» Sprüche solcher Art kosteten, wenn öffentlich, den Kopf. Und der 20. April 1943 schenkte jedem der Lazarettinsassen eine Flasche Sekt. Ein übles Gesöff, man war nach wenigen Schlucken schon besoffen, da taten wir uns zusammen zu einem parodierenden Reigentanz und sangen den idiotischen Hohn-Text: «Unser Führer hat Geburtstag. / Darum kriegen wir alle Sekt! / Hei, der schmeckt, hei, der schmeckt, / Unser schöner Führer-Sekt!» So tat sich kund, auf dürftigste Weise, was uns nicht schmeckte.

VII

Keine Racheschwüre gegen die Bomben werfenden Alliierten. Man fühlte sich ihnen ja in gewissem Sinne solidarisch verbunden, sie würden jenes System zerstören, das wir selbst mit irrendem Pathos, sinnberaubt, errichtet hatten und das zu erledigen uns die Kraft fehlte. So saßen wir nächtens geduckt vor dem auf geringste Lautstärke eingestellten Radiogerät und hörten – todeswürdiges Verbrechen – London, hörten die hallenden Paukenschläge des Schicksals nach Beethovens Art, hörten jenes Volkslied, dessen Melodie ich heute noch heiter pfeife – hätte ich das damals gewagt, es hätte mich überführt und dem Henker ausgeliefert. Das waren die Eingangssignale der britischen BBC-Nachrichten für Deutschland, und Hugh Carleton Greene und die Stimmen anderer wurden vertraute Freunde. Wir sahen ja in ihnen unsere künftigen Befreier, und dass ihre Vorhut mörderische Spuren in unser Land hineinbombte, wollte uns als gesetzmäßig erscheinen.

Dass die Bomben gezielt auch auf Wohngebiete fern allen militärischen Anlagen abgeworfen wurden mit der Absicht, auf diese Weise für die Demoralisierung der Bevölkerung zu sorgen, war uns wohl klar. Nicht klar aber blieb und bleibt mir aus meinem begrenzten Blickwinkel, inwieweit dieses Ziel tatsächlich erreicht wurde. Vermutlich haben Brand und Zerstörung mancherorts auch trotzigen Widerstandswillen entzündet. Dies zumal nach dem grauenhaften Inferno des Feuersturms, der in jenen Julitagen 1943 Hamburg nahezu vernichtete. (Man lese dazu Hans Erich Nossacks Texte, die das sich dem Wort entziehende Grauen dem Wort überantworten. Siehe auch die Erinnerungen von Gerd Bucerius.)

Die Moral der Nation, die der Zivilbevölkerung suchte das Regime und seine Propagandamaschine wuchtig zu stärken durch markige oder auch herzbewegende Gesänge. So erklangen sie sonntags im Wunschkonzert, «Glocken der Heimat» sang Wilhelm Strienz, und Herms Niel blies pompös mit seinen militanten Marschliedern gegen Engelland und anderes. Und wurde vollends lächerlich, als man hinter seinem nordisch-heldischen Kunstnamen den seiner Geburt entdeckte: Er hieß, erfuhr man, eigentlich Hermann Nielebock. Das sage ja alles, sagten wir.

Aber es gab auch ein anderes, zart sentimentales Lied, ein Schlager fast, sein Text verhieß so etwas wie Hoffnung und Glück und die Möglichkeit von Zukunft, und es hieß:

Wenn die Lichter wieder scheinen
Und wir wieder unsern kleinen
Bummel durch die hellen Straßen machen:
Werden wir lachen,
Und werden wir weinen
Zugleich …

Wolfgang Sofsky

Die halbierte Erinnerung

Von Zeit zu Zeit wird das politische Gedächtnis von einer sonderbaren Unruhe erfasst. Ob beim Vergleich totalitärer Staatsverbrechen oder in den Debatten über Vertreibung und Antisemitismus, stets sind dieselben Reflexe zu erkennen. Mahnrufe, Appelle ans rechte Bekenntnis und persönliche Diffamierung begleiten den Diskurs um die Vergangenheit. Der Wiederholungszwang der halbierten Erinnerung kennt keinen Fortschritt. Es ist, als bewege sich das normierte Gedächtnis endlos im Kreis und passiere immer wieder dieselben Stationen.

Der jüngste Anlass zur öffentlichen Erregung ist die Erinnerung an die Toten des alliierten Luftkriegs. Durch den Flächenbrand der Städte wurden Hunderttausende von Zivilisten verstümmelt oder getötet. Doch nicht die Tatsachen erregen die Gemüter, sondern die Erinnerung daran. Die Abwehr ist mitunter hart und missachtet einmal mehr die Regeln aller Logik. Da ist zunächst die Sorge um den Applaus von der falschen Seite. Wer den Bombenkrieg als Kriegsterror bezeichnet, gerät in den Verdacht, die Bataillone der politischen Reaktion zu stärken. Solch vorgespiegelter Kleinmut ist nicht nur moralisch erbärmlich, er zerstört die Basis jeder Debatte. Wer zuerst fragt, wem die Wahrheit nutzen könnte, anstatt festzustellen, welche Aussagen wahr und welche falsch sind, hat sich selbst jede Glaubwürdigkeit abgesprochen. Von der Tatsachenprüfung hat er sich schon verabschiedet, bevor sie überhaupt begonnen hat.

Da ist ferner der Verweis, alles sei längst bekannt und in unzähligen Standardwerken akribisch festgehalten. Dies Argument dient jedoch nur dazu, missliebige Themen aus dem Diskurs zu verbannen. Die Erinnerung an die Toten des Luftkriegs gilt als schändlich. Aus der Tatsache, dass sich manche Deutsche seinerzeit eher als Opfer denn als Mittäter oder Mitwisser fühlten, folgt mitnichten, dass sie keine Opfer waren. Jeder Zivilist, der im Feuersturm verbrannte, war ein Opfer des Massakers aus der Luft, unabhängig von seiner Überzeugung und von den späteren Gefühlen seiner Landsleute. Es liegt in der Natur von Brandbomben, dass sie keinen Unterschied zu machen pflegen. Sie trafen fanatische Nazis ebenso wie aufrechte Regimegegner.

Da ist ferner der Verdacht der heimtückischen Aufrechnung. Wer an die Bombenopfer erinnert, will, so heißt es, entweder das eigene Schuldkonto aufbessern oder – schlimmer noch – nachträglich mit der Gegenseite abrechnen. Dieser Argwohn gründet auf demselben Trugschluss, den man dem Gegner unterstellt, der Vorstellung nämlich, fremde Untaten könnten eigene Verbrechen in ihrer Bedeutung mindern oder gar löschen. Dagegen ist an den alten Grundsatz zu erinnern: Jedes Verbrechen ist einzig aus sich selbst heraus zu bewerten und durch nichts zum Verschwinden zu bringen.

Was wäre wohl von einem Mörder zu halten, der seine Tat damit entschuldigt, es gebe schließlich noch andere Mörder? Selbstredend ist Kriegsterror von anderer Art als Verfolgungsterror, dennoch ist und bleibt er Kriegsterror, nämlich Krieg gegen Wehrlose durch die Erzeugung von Angst und Schrecken. Der deutsche Vernichtungsfeldzug im Osten tilgte die Demarkationslinie zwischen Krieg und Verbrechen, aber der Bombenkrieg verstieß gleichfalls massiv gegen das Kriegsvölkerrecht. Lübeck oder Hamburg verkleinern die deutsche Schuld an Auschwitz nicht im Geringsten. Umgekehrt ist es unzulässig, die Planierung von Kassel, Dresden oder Pforzheim mit Treblinka zu rechtfertigen. Bombenkrieg und Völkermord waren weder kausal noch intentional miteinander verknüpft.

Aufrechnungen mit umgekehrtem Vorzeichen liegen auch der Idee zugrunde, die deutsche Zivilbevölkerung habe sich den Massentod in den Bunkern selbst zuzuschreiben. Schließlich habe das NS-Regime mit dem totalen Luftkrieg in Warschau, Rotterdam und Coventry selbst begonnen. Wer anfängt, hat jedes Unrecht verdient – so die krause Logik dieser Kindermoral. Aber Unrecht kann unmöglich mit Unrecht geahndet werden. Mit dem Gleichheitsprinzip der Vergeltung hatte die Verwüstung der Städte nie etwas zu tun. In den Bomberkanzeln saßen weder Juden noch Polen oder Russen, die zur Heimzahlung jeden Grund gehabt hätten. Die Luftangriffe erreichten ihren Höhepunkt, als der Zweite Weltkrieg durch die alliierten Bodentruppen längst entschieden war.

Ein aufgeklärtes Bewusstsein bedarf keiner halbierten Erinnerung. Die Wahrnehmungssperren der Nachkriegszeit sind längst aufgehoben. Die eigene Täterschaft ist weitgehend im historischen Gedächtnis der Deutschen verankert. Daher kann die Erinnerung an die eigenen Opfer getrost zurückkehren.

Martin Walser

Bombenkrieg als Epos

Zum ersten Mal ein Kriegsbuch, das nicht darauf angewiesen ist, die Kriegführenden nach Freund und Feind zu unterscheiden. Auch der argwöhnischste Pedant, zu welcher Seite er sich auch zähle, wird diesem Historiker nicht nachweisen können, er bedaure die Deutschen (die Opfer) weniger, als er die Täter (die Briten/Amerikaner) kritisiere. Die Deutschen waren beim Moral Bombing als Erste Täter. Aber auch davon kann man absehen, weil dieser Autor stilistisch über die Täter-Opfer-Einteilung hinaus ist. Wenn man es, bitte, nicht gleich falsch verstehen möchte, ist er darüber hinaus wie Homer bei Achill und Hektor.

Ich war, bevor ich dieses Buch gelesen habe, immer der Ansicht, ein Krieg, überhaupt Geschichte könne nicht anders als von einem Standpunkt aus erzählt werden. Ich habe immer gut verstanden, dass man heute, in Europa, diese für unüberschreitbar gehaltene Standpunktgebundenheit durch international zusammengesetzte Historikerkommissionen zu relativieren versucht. Und jetzt dieser Militärhistoriker, der allen gleich nah ist, sowohl in der Genauigkeit der Erzählung wie in der historisch-politischen Bewertung. Er ist offensichtlich so sehr Fachmann, dass er keinen Satz lang in Gefahr kommt, beim historisch-konkreten Erzählen ins allgemeine Bewerten zu verfallen. Das wird krass und bewegend erlebbar, wenn die Strategie- und Taktiküberlegungen der höchsten britischen Kommandostellen genauso zitat- oder dokumentengetreu erzählt werden wie die Leidensentsetzlichkeiten der gerade noch davongekommenen Deutschen. Alles ist fundiert von Oral History. Churchill und sein Bombardierchef Harris kommen genauso genau vor wie Speer und Feldmarschall Milch. Die davongekommene Pforzheimerin, der der «ungeheure Feuersturm … die Luft förmlich vom Mund» riss, kommt genauso genau vor wie Lieutenant Lockard von der 381. US-Bombergruppe: «Ein Granatsplitter war durch das Kinn gesprungen, dann durch die Backe und saß hinter dem Auge fest.» Und dass die Deutschen angefangen haben mit diesem Bombardieren (Rotterdam, London, Coventry), geht ebenso wenig verloren wie das Weiterbombardieren der Alliierten, als das wegen des Kriegsziels schon lange nicht mehr nötig gewesen wäre.

Das Eposhafte erreicht dieses Geschichtsbuch unwillkürlich, weil alles so gleich behandelt wird. Eine furchtbare Pointe dieser Gleichbehandlung liefert die Kriegsführung selbst. Um den Nachschub für die deutschen Truppen an der Atlantikfront zu stören, wurden französische und belgische Bahnanlagen zerstört, dabei wurden Franzosen und Belgier zu Tausenden getötet. Freund und Feind war militärtechnisch ununterscheidbar geworden. Und weil die Zahlen der Opfer der französischen und belgischen Bevölkerung doch nur Zahlen bleiben, erzählt der Historiker, welches «Geschöpf der Spätgotik» in welcher Kirche mit welcher Holzschnitzerei in welchem Chorgestühl verbrannte, welche Kirche, an der drei Jahrhunderte gebaut hatten, ins Nichts fiel. «Es wurden dringlich Hafenstädte benötigt, und Städte durch Zivilmassaker aufzuweichen waren die Bomber längst gewöhnt.» Churchill, der zuerst Roosevelt gebeten hatte, von dem «Franzosenschlachten» abzusehen, sah sich dann zu ebensolchem auch genötigt. Aber die V1- und V2-Raketen wurden ja auch ohne nennenswerte Zielgenauigkeit während der belebtesten Tageszeit nach London dirigiert, einfach um dort möglichst viele Menschen zu töten. Immerhin, das erfährt man in diesem Buch, wurden in England die Raketen, die töteten, ohne dass eine Crew eigenes Leben riskierte, in der Kriegsrhetorik «heimtückisch» und «feige» genannt. Andererseits reagierten später die vom unaufhörlichen Luftangriff zermürbten und gequälten Deutschen auf abgeschossene Piloten, die durch die Trümmerquartiere getrieben wurden, mit Lynchjustiz.

Der Autor dieser Saga ist ebenso Erzähler wie Wissenschaftler, und das ergibt ein Drittes: eine Erzählkompetenz, die in Gattungsbegriffen (noch) nicht unterzubringen ist. Er ist ganz zu Hause in diesem geschlossenen Kosmos Bombenkrieg. Er hat den Mikro- und den Makrokosmos dieses Krieges untersucht und dargestellt. Was Churchill von Roosevelt erbittet und was die Verschüttete sagt, wenn sie merkt, dass sie auf ihrer toten Mutter liegt: Der Kosmos Bombenkrieg ist ein auswegloser, dichtester Zusammenhang – in diesem Buch. Immer ist eins die Bedingung des anderen. Dieser Vernichtungszusammenhang kann für keinen Handelnden und keinen Leidenden, für keinen Oberbefehlshaber und keinen Niedergebügelten so erlebbar gewesen sein, wie er für uns durch diese Darstellung erlebbar wird. Allmählich, und eben ganz von selbst, teilt sich mit, was das Motiv dieses Schreibunternehmens gewesen ist: ein Denkmal für den Bombenkrieg, aber eben ein geschriebenes Denkmal, und das ist immer noch jedem anderen Denkmalsversuch vorzuziehen. Das erzählerische Vermögen dieses Historikers, seine tatsachengestützte Lakonie, seine informationsgesättigte Unparteilichkeit lassen einen ganz eigenen Stil entstehen, und es ist allein dieser Stil, der das Buch jenseits aller Gattungen ermöglicht. Was im Krieg gelingt oder nicht gelingt, liegt, heißt es einmal, immer «an einer Vielzahl von Faktoren sowie am Verhängnis». Was hier Verhängnis heißt – dafür ein Beispiel: «Dem Verhängnis gefiel es in Darmstadt, den Part der Zeitzünderbomben zu übertreffen, die gewöhnlich dafür sorgen, dass die Kellerinsassen nicht nach Angriffsende aus der Tiefe klettern und sich durch die anfangs noch offenen Feuerschneisen davonmachen. So entstehen nicht die hunderttausend Toten, von denen die Generalstäbe phantasieren. Zwölfhundert Meter südlich des Darmstädter Hauptbahnhofs wartete ein Munitionszug auf der Strecke und fasste Feuer. Die geladenen Granaten fuhren eine Stunde lang in die Luft und suggerierten den Kellerbelegschaften etwas Falsches, dass der Luftangriff fortwähre. Als das Knallgewitter des Munitionszugs erstarb, hatte der Feuersturm alle Kellerausstiege verriegelt. In Hitze und Gas wurden aus den Schutzräumen Hinrichtungsstätten. So endeten 12 300 Personen, jeder zehnte Einwohner. Dies übertraf die Tötungsquote des Gasangriffs, den Churchill im Juli projektiert hatte.»

Dieses Kriegsgesamte ist so zum ersten Mal zur Sprache gebracht worden. Durch diese Sprache ist das gegenseitige Vernichtungswüten für unsere Teilnahme zugänglich. Zugänglich jenseits der sonst üblichen Einteilungen in Gut und Böse. Vollends absurd darf einem jetzt erscheinen das gelegentliche Unzufriedenheitsraunen gegenüber deutschen Autoren, die immer noch keinen Bombenkriegsroman geschrieben haben. Das Buch von Jörg Friedrich kann eine Zeit lang dafür sorgen, die Schreibkompetenz nicht sentimental-ideologisch zu behandeln, sondern sachlich. Es bedurfte, dass dieses Buch geschrieben werden konnte, um es im Stil des Buches zu sagen, einer Vielzahl von Faktoren und dann auch noch einer Erlebnisfähigkeit für das Verhängnis. Erst das zusammen, der unendlich kundige Fachmann und der vom Verhängnis zutiefst Treffbare, ermöglicht ein solches Werk. Vielleicht ist sogar unsere sanfte Annäherung an das Europäische eine Bedingung, ohne die so ein Buch nicht hätte geschrieben werden können.

Horst Boog

Ein Kolossalgemälde des Schreckens

Das Buch von Jörg Friedrich will, wie schon die Werbung mit Hilfe der «Bild»-Zeitung zeigt, breite Leserkreise erreichen, indem es das Leiden der deutschen Zivilbevölkerung unter dem alliierten Bombardement im Zweiten Weltkrieg hautnah und einprägsam miterleben lässt. Als ehemaliger Schauspieler und Regisseur entwirft sein Verfasser hierzu eine eigenwillige Dramaturgie, die von den Waffen und Mitteln des Luftkrieges über die Bomberstrategie, das Inferno in den Städten, Schutz- und Propagandamaßnahmen und persönliche Reaktionen der Betroffenen bis hin zu den kulturhistorischen Auswirkungen fortschreitet. Dabei wird die bei historischen Sachbüchern zu erwartende Chronologie oft durcheinander gewirbelt. Wenn auch die teilweise weit hergeholten Vergleiche und Rückblicke auf die Vergangenheit der bombardierten Städte und Regionen nicht immer zum Thema gehören und manchmal verwirren, so wird dennoch der mit den Zerstörungen aus der Luft einhergehende Kulturbruch deutlich. Der Verfasser weiß wortgewaltig und griffig zu formulieren.

Die Beschreibung grauenvoller, blutiger Szenen unter den Menschen stumpft in der häufigen Wiederholung aber allmählich ab, da sich die Vorgänge in den einzelnen Städten ähnelten. Die Erläuterung komplizierter technisch-wissenschaftlicher und taktischer Verfahren, wie sie für den Luftkrieg charakteristisch waren, ist prägnant und anschaulich.

Unter dem Formulierungsschwung leidet jedoch nicht selten die historische Richtigkeit. So wird der Luftkrieg zwar zutreffend als Abfolge wechselseitiger wissenschaftlich-technischer Vorsprünge geschildert, aber diese Abfolgen sind mitunter falsch dargestellt. So war die Entwicklung des deutschen «Würzburg»-Ortungsgerätes nicht die Antwort auf das viel spätere britische «Oboe»(Bumerang)-Zielverfahren. Der als «Kammhuber»-Linie bezeichnete deutsche Radar-Riegel zur Erfassung feindlicher Flugzeuge wurde nicht erst durch den Abwurf von Stanniol-Dipolen («windows») am 25. Juli 1943 paralysiert, sondern großenteils schon vorher durch die Einführung des «Bomberstroms» in seiner Wirksamkeit stark reduziert. Zuweilen falsche Feindstärkeangaben und Datierungsfehler insbesondere von Angriffen auf Städte im Ruhrgebiet, aber auch bei allgemein bekannten Daten wie Hitlers «Ausradierungsrede», dem Beginn der britischen strategischen Bomberoffensive oder der Bombardierung Tokios, sowie sicher auch dem Lektorat anzulastende unsinnige Angaben einiger Erscheinungsjahre im Literaturverzeichnis deuten auf hastiges, ungenaues Arbeiten hin. Feuerwehrmänner werden als Feuerwerker bezeichnet. Die Wellenlänge des «Würzburg»-Gerätes wird mit dem Vermerk, es handle sich um die bis dato erreichte kleinste Frequenz, auf ein Zehntel ihrer tatsächlichen Länge reduziert (wäre es so gewesen, hätte Deutschland einen uneinholbaren Vorsprung auf dem Radargebiet gehabt, was natürlich nicht der Fall war.). Das Kaliber der so genannten «Schrägen Musik» wird falsch angegeben. Die Stadt Anklam war nicht «unbeabsichtigt» der Zerstörung anheim gefallen, sondern von vornherein als Ausweichziel vorgesehen, falls das nahe Flugzeugwerk nicht gefunden werden konnte. Woher die 4000 schweren Flakgeschütze um Essen kommen sollen, ist rätselhaft. Es gab im ganzen zuständigen Luftgau VI im November 1943 nur 320 schwere Flakbatterien, was unter Berücksichtigung der damals teilweise schon durchgeführten Erhöhung der Rohrzahlen pro Batterie von 4 auf 6 oder 8 und mehr einer Zahl von 1500 bis 2000 Geschützen entspricht. Davon befand sich nur ein Bruchteil bei Essen.

Um das Schreckliche des Bombenkrieges darzustellen, übertreibt Friedrich gelegentlich. Dass erwachsene Menschen im Feuersturm auf Kindergröße zusammenschrumpften, findet sich in keinem Obduktionsbericht. Die Schrumpfung betrug im Allgemeinen 10 bis 15 %. Die generalisierende Feststellung, dass Ausländern und Juden der Zutritt zu Luftschutzbunkern verboten war, bedarf der Differenzierung, weil dies so nicht der Fall war. Für die Nichtbombardierung von Auschwitz gibt Friedrich keine Gründe an, obwohl es viele militärische, taktische und technische Gründe dafür gab, die bei diesem emotionsgeladenen Thema genannt werden sollten. Manche Formulierungen sind überspitzt bis abstrus, zuweilen salopp und zynisch. Was soll zum Beispiel die Bezeichnung der Piloten des «Wilde Sau»-Nachtjagdverfahrens als «Problemexistenzen», «soziale Nieten» und «Disziplinarfälle», und was ist eine «transzendentale Stadt» Köln!? Soll der Gebrauch von Wörtern wie (SS)-«Einsatzgruppe» für die 5. Bomber Group der Royal Air Force oder «Krematorien» für die mit Schutzsuchenden gefüllten Keller brennender Häuser die Gleichstellung der Flächenangriffe mit dem Holocaust andeuten? Oder soll der als «Schlächter» apostrophierte Churchill zum Kriegsverbrecher erklärt werden? Der Verfasser verfolgt solche Andeutungen nicht zu Ende, sondern belässt den Leser in einem emotional angeheizten Leerraum, sodass dem Buch eine eigenartige Unbestimmtheit und Unentschiedenheit anhaftet. Ist es eine Anklageschrift oder nur eine bildhafte Chronologie (allerdings ohne Bilder)? Jedenfalls ist Friedrichs Sprache geeignet, Emotionen und vielleicht auch Ressentiments zu wecken.

Die Hauptthese des Buches ist die Behauptung, Engländer und Amerikaner hätten die systematische Vernichtung der deutschen Zivilbevölkerung in den Städten von vornherein geplant und dann durchgeführt. Hätte der Autor seinen Gegenstand in das weitere politische und militärische Vorkriegs- und Kriegsgeschehen eingeordnet, hätte er ihre teilweise Unhaltbarkeit selbst bemerkt. Die Briten zielten keinesfalls von Anfang an primär auf die Zivilbevölkerung, ebenso wenig die Amerikaner, die zunächst häufig die britischen Bombardierungsmethoden kritisierten und sich, theoretisch jedenfalls, immer davon absetzten. Richtig ist allerdings, dass die Erschließung der dritten Dimension durch das Flugzeug bzw. den Bomber bei Luftkriegstheoretikern und Schriftstellern in den Industrienationen schon lange vor dem Kriege auch extremste, das humanitäre Völkergewohnheitsrecht weit hinter sich lassende Vorstellungen und Erwägungen über die weitestgehende Ausnutzung der neuen technischen Möglichkeiten für einen Krieg hervorgerufen hat. Keine der Luftmächte steuerte aber deshalb direkt die Vernichtung der Zivilbevölkerung als Regel an. Man glaubte, in Überschätzung der Bomberwaffe, vorerst nur militärisch relevante Ziele unter Schonung der Zivilbevölkerung zerstören zu sollen und zu können. Terrorangriffe sollten die Ausnahme sein. Die englischen Vorkriegsplanungen für den Bombenkrieg gegen Deutschland hatten im Allgemeinen Fabriken, Verkehrswege usw. zum Ziel. Erst als sich diese Art der Luftkriegführung als undurchführbar und ineffektiv erwies, ging man aufgrund militärisch-taktisch-technischer Sachzwänge und mit wachsender Dauer und ideologischer Verbitterung des Krieges auf die bereits angedachten Methoden totaler und unterschiedsloser Bombenkriegführung als *untersten* gemeinsamen Nenner über, auf den sich alle verständigten.

Bei den Engländern markierte die Bomber-Direktive vom 14. Februar 1942 die Wende zu den Flächenangriffen auf die Zivilbevölkerung in den Städten als potenzielle Waffenproduzenten. Die Deutschen folgten nach dem Ausbrennen von Lübeck und Rostock – und nachdem Hitler nach dem Rückschlag vor Moskau Ende 1941 nichts mehr glaubte zu verlieren zu haben – mit den so genannten, mangels Flugzeugen bald ohnmächtigen «Baedeker»-Angriffen gegen historische englische Städte und später mit der V-Waffen-Offensive. Keinesfalls kann man den gezielten Angriff auf die Rüstungswerke von Coventry und die taktischen Bombardierungen von verteidigten und mehrmals zur Übergabe aufgeforderten Städten wie etwa Warschau und Rotterdam als Vorläufer des unterschiedslosen Bombenkrieges ansehen. Das waren sie höchstens in der eigenen und Feindpropaganda, deren Mythen sich leider in der öffentlichen Meinung verfestigt haben. Und die Amerikaner schlossen sich trotz öffentlicher Distanzierung in der Praxis seit dem Winter 1943/44 mit ihren Radar-Bombenwürfen bei schlechtem Wetter, das die deutsche Jagdverteidigung behinderte, dem Flächenverfahren an, um es schließlich mit dem konventionellen Ausbrennen von Tokio und den beiden Atombomben auf Japan 1945 zu perfektionieren.

Zu einfach ist ferner die Kategorisierung aller alliierten Bombenangriffe als Terror- oder Vernichtungsangriffe auf die Zivilbevölkerung unter Außerachtlassung der vor allem mit den amerikanischen Bombardements verbundenen Absicht der Zerstörung von Engpassindustrien. Hier rächt sich die zu enge Betrachtung des Luftkrieges nur von der zivilen Leidensseite her, für die natürlich im Endeffekt die Unterschiedlichkeit der Absichten ohne Bedeutung war. Aber allein von dieser Perspektive aus wird man dem Phänomen des Bombenkrieges nicht gerecht. Wenn auch die meisten Städtezerstörungen in der letzten Kriegsphase militärisch überflüssig waren, so waren es die Angriffe auf die deutschen Verkehrsverbindungen zu jener Zeit noch nicht. Leider waren auch die englischen Bombardements unschuldiger Zivilisten in den Städten nicht ohne indirekte Auswirkung auf die Rüstungsproduktion. Deswegen wurden sie ja durchgeführt. Die Bücher, in denen dies alles dargestellt wird, nämlich das von Werner Wolf über die Angriffe auf die deutsche Industrie, das von Alfred Mierzejewski («Bomben auf die Reichsbahn») und andere wichtige Werke fehlen im Literaturverzeichnis. Das Quellenverzeichnis ist sehr lückenhaft, weder wurden deutsche noch alliierte Akten benutzt. Bei Friedrichs Umgang mit den Quellen fällt auf, dass er sich einerseits über die «selten wissenschaftlichen Standards» entsprechenden Chroniken einzelner Städte mokiert, andererseits aber daraus zitiert. Die Zitierweise ist fragwürdig.

Das Buch bringt sachlich nichts Neues, denn auch das Schicksal der Menschen unter den Bomben ist vielfach in zahlreichen Regional- und Städtegeschichten zum Zweiten Weltkrieg schon einprägsam beschrieben. Es ist auch falsch zu sagen, es gäbe noch keine wissenschaftliche Gesamtdarstellung des Bombenkrieges. Dabei stützt sich Friedrich, wie er im Editorial selbst betont, auf zwei relativ umfassende Darstellungen des Bombenkrieges, von denen die eine auf beeindruckende Weise vor allem die alliierte Angriffs- und deutsche Leidensseite behandelt, wenn auch manchmal aus marxistischer Perspektive, während die andere in mehreren Bänden der Reihe «Das Deutsche Reich und der Zweite Weltkrieg» des Militärgeschichtlichen Forschungsamtes die alliierte Bomberoffensive und die deutsche Luftverteidigung auf der Grundlage deutscher, englischer und amerikanischer Akten und Veröffentlichungen darstellt.

Trotz aller Sachkritik verdient Friedrich Anerkennung für seinen

Versuch, das ungeheuer komplizierte Bombenkriegsgeschehen zwischen zwei Buchdeckel zu pressen und das von der wissenschaftlichen Forschung zugegebenermaßen etwas vernachlässigte Leiden der deutschen Zivilbevölkerung unter den Bomben zu einem Kolossalgemälde des Schreckens verdichtet zu haben, das an das Leid dieser Generation erinnern soll. Er kann packender schreiben als die meisten akademischen Historiker, wenn auch die Wortwahl manchmal zu exaltiert ist. Seine wohl an der Bildersprache des Fernsehens orientierte Formulierungskunst gibt dem Werk eine große literarische Durchschlagskraft, die sich auch an den hohen Verkaufszahlen zeigt. Sein Erlebnisgehalt macht es zu einer willkommenen Ergänzung der bisherigen wissenschaftlichen Arbeiten zum Luftkrieg «von unten». Ein wissenschaftlich verlässliches Werk ist es nicht, zumal es auch von der internationalen Geschichtswissenschaft längst widerlegte Mythen und Klischees wiederholt. Man könnte sich die ganze, von Friedrich sicher als beckmesserisch empfundene Sachkritik ersparen, wenn er dem Buchtitel noch den Untertitel «ein Roman», «ein Drama» oder «eine Tragödie» hinzugefügt hätte. Dann könnte man sagen: Großartig!

Ralph Bollmann

Im Dickicht der Aufrechnung

Deutsche Großstädte haben kein historisches Zentrum. Für die Generationen, die nach 1945 aufwuchsen, ist das eine selbstverständliche Tatsache. Historisch gewachsene Innenstädte, das war etwas für den Urlaub – in Rom oder Salamanca, in Prag oder Dubrovnik. Auf Reisen mochte das hübsch anzuschauen sein, aber für den Alltagsgebrauch, so ließen Eltern und Großeltern durchblicken, sei so etwas höchst ungeeignet: zu enge Straßen, zu wenig Parkplätze, zu dunkle Wohnungen.

Zu Hause gab es nicht verwinkelte Gassen und pittoreske Häuschen, sondern das vertraute Eiermann-Muster der Horten-Fassaden. Was den Krieg überstanden hatte und das geschichtslose Erscheinungsbild störte, wurde bis auf wenige Baudenkmäler rigoros abgerissen. Nicht nur «komfortabler, verkehrstüchtiger, grundertragsreicher» mussten die neuen Städte sein, glaubt der Publizist Jörg Friedrich, dessen neues Buch über «Deutschland im Bombenkrieg» schon seit Wochen in Deutschland und mehr noch in England kontrovers diskutiert wird. Die Bewohner hätten die «fatalen Gehäuse» nicht mehr sehen wollen, in denen sie das Trauma der Luftangriffe erlitten.

Als Erster hat Friedrich nun das Panorama dieses Grauens in einer Gesamtschau ausgebreitet. In allen schrecklichen Details schildert er die Nächte im Keller, den Tod durch Ersticken, das Bergen verstümmelter Leichen. Plastisch beschreibt er, wie sich der Luftkrieg von den Anfängen 1940 allmählich bis zu den Flächenbombardements von 1945 steigerte, die in einer einzigen Nacht ganze Städte wie Dresden oder Würzburg vernichteten. Plausibel legt er dar, warum die Extremsituation des Bombenkriegs die Menschen nicht – wie die Alliierten hofften – zur Revolte trieb, sondern ganz im Gegenteil enger an den totalitären Staat band, von dem allein konkrete Hilfe zu erhoffen war. Nicht den Sturz des Regimes sehnten die meisten Deutschen herbei, sondern die angekündigte «Vergeltungswaffe».

Kaum eine Frage bleibt unbeantwortet. Das Programm zum Bunkerbau wird ebenso geschildert wie die Kinderlandverschickung oder die Evakuierung der Erwachsenen aus den bedrohten Innenstädten. Über die Reibereien zwischen der Landbevölkerung und den geflüchteten Großstädtern berichtet der Autor ebenso wie über den Justizterror gegen tatsächliche oder vermeintliche Plünderer.

Diese Verbindung von Faktenschilderung und nüchterner Analyse aus der Opferperspektive nimmt allerdings nur das letzte Drittel der Darstellung in Anspruch. Bei der Lektüre des 200 Seiten starken Mittelteils, in dem Friedrich das Schicksal jeder einzelnen Stadt mit ermüdender Detailtreue beschreibt, stellt sich dagegen Unbehagen ein. Gegen Friedrichs Idee, das jeweils Zerstörte ausführlich zu schildern, ließe sich gar nichts einwenden – glaubte er sich nicht zum Universalhistoriker berufen, der den Leser mit allzu ausgreifenden Exkursen über die deutsche Geschichte bis hin zu Karl dem Großen behelligt. Da wimmelt es auf einmal von Sachsenkaisern, Nibelungen oder Hunnen, von Gestalten also, mit denen auch die Nazis die deutsche Geschichte gerne ausschmückten. Da werden die Angriffe auf Köln plötzlich zu einer neuen «Hunnenschlacht», und den Umgang des deutschen «Herrenvolks» mit den osteuropäischen «Sklavenvölkern» verharmlost Friedrich durch einen angedeuteten Vergleich mit der englischen Kolonialherrschaft.

Vollends problematisch wird es im ersten Teil des Buches, das der Täterperspektive gewidmet ist. Dort verheddert sich Friedrich in genau jenem Dickicht von Aufrechnung und Gleichsetzung, von dem er sich in allen Interviews kokett distanziert. Ob Churchills Bombenkrieg ein Kriegsverbrechen gewesen sei, müsse «jeder für sich selbst entscheiden», verkündet er allerorten. Doch das Buch lässt nicht den geringsten Zweifel, dass Friedrich selbst diese Frage längst entschieden hat.

Um dieses Urteil auch seinen Lesern zu vermitteln, bedient sich Friedrich nicht des Arguments, sondern der Suggestion. Dass der Zweite Weltkrieg insgesamt 60 Millionen Opfer forderte, davon ein großer Teil Zivilisten, erwähnt Friedrich erst gar nicht. Dafür erklärt er die Bomberflotte mit ihren rund 500 000 Opfern umstandslos zur «schauerlichsten Waffe, die bisher je auf Menschen gerichtet wurde» – und scheut auch vor Vergleichen mit der Atombombe nicht zurück. In Nagasaki sei nur jeder siebte Einwohner sofort gestorben, beim Pforzheimer Feuersturm dagegen jeder dritte.

Die Frage, ob die Deutschen mit ihren Angriffen auf Rotterdam und Coventry den Bombenkrieg angefangen haben, wischt Friedrich lapidar zur Seite: «Vermutlich wäre alles sowieso passiert.» Ohne jede Einordnung präsentiert er auch die dubiose These, Churchill habe die deutsche Führung bewusst zu den Angriffen auf englische Städte provoziert, um eine Legitimation zum Losschlagen zu finden. Ohnehin will er von den Motiven der Alliierten aus damaliger Sicht gar nichts wissen, denn «für Vernichtungspolitik gibt es immer andere Erklärungen».

Den strategischen Luftkrieg erklärt Friedrich zum «Zivilisationsbruch», doch Auschwitz erwähnt er nur beiläufig. Einmal geht es darum, dass Roosevelt einen Luftangriff auf das Vernichtungslager ablehnte. Über die Motive erfährt der Leser nichts. Ähnlich apodiktisch verkündet der Autor: «Einen inneren Zusammenhang von Judenvernichtung und Bombenvernichtung gibt es nicht.»

Anders als Friedrich sahen die meisten Deutschen nach dem Krieg sehr wohl einen Zusammenhang zwischen Hitlers Angriffskrieg und der Zerstörung der eigenen Städte, weshalb sie ihr Schicksal zumindest im späteren Westen nicht lauthals beklagten. Dennoch ist es gänzlich unangebracht, dass sich Friedrich jetzt als Tabubrecher geriert. Jeder Schulatlas verzeichnete die zerbombten Städte samt exaktem Zerstörungsgrad, bei jeder Stadtbesichtigung wurden Fotos der zerbombten Kunstdenkmäler vorgezeigt, in jeder Familie wurde wieder und wieder von den Bombennächten erzählt. Die DDR sah ohnehin keinen Grund, die «angloamerikanischen Terrorangriffe» unter den Teppich zu kehren. Das Tabu, das Friedrich im Nachhinein herbeireden will, hat es nie gegeben.

Hans-Ulrich Wehler

Wer Wind sät, wird Sturm ernten

Unübersehbar und unüberhörbar gibt es in der deutschen Öffentlichkeit eine neue Grundströmung, vielleicht eine Art von psychischem Gezeitenwechsel. Deutsche Opfer des Zweiten Weltkriegs rücken auf einmal in den Mittelpunkt des Interesses. Für den Auftakt sorgte Günter Grass' Novelle «Im Krebsgang» über den Untergang der *Wilhelm Gustloff* mit etwa neuntausend ostdeutschen Flüchtlingen an Bord. Wenig später begann mit einer «Spiegel»-Serie über die Vertreibung der Deutschen aus Ostdeutschland und Osteuropa eine neue Beschäftigung mit einem historisch beispiellosen, gewaltsamen «Bevölkerungstransfer» von 15 Millionen Menschen. Und jetzt lenkt der Berliner Publizist Jörg Friedrich die Aufmerksamkeit auf den alliierten Bombenkrieg gegen Deutschland.

Dieser war bisher in der Tat ein vernachlässigtes Thema der deutschen Zeitgeschichte. Zum einen waren die Erwachsenen und die Kinder, die diese Angriffe überlebt hatten und zu ihren Historikern hätten werden können, offenbar so traumatisiert, dass sie sich des Themas nicht bemächtigen konnten. Zum anderen scheute man den Vorwurf der Aufrechnung: Angesichts der Millionenzahlen des Holocaust und des antislawischen Vernichtungskriegs gab es eine tief sitzende Scheu, diese deutsche Leidensgeschichte zu schreiben. So haben nur einige Schriftsteller ihre eigenen Erfahrungen mit den jeweils nächsten Angriffen in Worten gefasst: Hans Erich Nossak etwa, Gert Ledig und Dieter Forte. Zwar haben amerikanische und englische Historiker den Bombenkrieg analysiert, aber erst unlängst ist das Militärgeschichtliche Forschungsamt in Potsdam im Band VII seines Monumentalwerks über den Zweiten Weltkrieg auf den Luftkrieg ausführlich eingegangen. Insofern gebührt Friedrich die Anerkennung des Vorreiters, der ein lange tabuisiertes Thema ausführlich und akribisch genau aufgegriffen hat.

Der Autor verzichtet auf jeden Prolog, auch auf die Einbettung des Luftkriegs in die Geschichte des «Totalen Kriegs» seit dem September 1939. Vielmehr springt er sofort in medias res: in die plastisch geschilderte Ereignisgeschichte der seines Erachtens militärisch völlig sinnlosen Zerstörung deutscher Städte, ja einer zweitausendjährigen Stadtkultur, und damit der zielgerichteten Ermordung von etwa 600 000 Zivilisten vor allem durch die Brandbomben, die Feuerstürme von 1400 Grad Celsius zu erzeugen vermochten, aber auch durch Sprengbomben und Luftminen. Englische Stabsoffiziere hatten aus den horrenden Verlusten des englischen Expeditionskorps im Ersten Weltkrieg schon seit den frühen zwanziger Jahren die Konsequenz gezogen, im künftigen Krieg den Gegner durch Flächenbombardements auszuschalten. Als Polen 1939 erobert, mit Frankreich die größte Militärmacht des Kontinents geschlagen war und England mit dem Rücken zur Wand allein dastand, löste die Luftschlacht um England – mit den deutschen Angriffen auf zwei Dutzend englische Städte, zu deren Symbol das «ausradierte» (Hitler) Coventry wurde – den englischen Gegenschlag aus.

Schnell stellte sich die begrenzte, wenn auch Furcht erregende Wirkung der Sprengbomben heraus. «Mit 3000 Tonnen Sprengstoff, die eine Bomberflotte lädt, ist die Stadt nicht zu ruinieren», konstatiert Friedrich. «Brandmunition jedoch stiftet einen Schaden, der sich selbst vermehrt. Dazu sind zwei Wissenschaften vonnöten, Brandstiftung und Funknavigation. Feuerwehringenieure und Elektrophysiker entwickeln in drei Jahren die Systeme, entzündliche Siedlungsgebiete zu orten … und in Flammen zu zersetzen.» Die Folgen beschreibt Friedrich an der Zerstörung von mehr als zwei Dutzend deutscher Städte, von Lübeck im März 1942 bis hin zu Würzburg im März 1945. Immer wieder spielten sich apokalyptische Szenen ab. «Der Weltuntergang kann nicht schlimmer sein», diesen Eindruck hielt mehr als ein überlebender Zeitgenosse fest.

Die deutsche Luftwaffe warf im Zweiten Weltkrieg insgesamt rund 103 000 Tonnen an Bomben ab. Allein im März 1945 schafften die englischen und amerikanischen Bomberflotten über Deutschland mehr. Insgesamt kamen sie auf 1,3 Millionen Tonnen; fast ein Drittel davon fiel von Januar bis Ende April 1945. Das Hauptziel, die deutsche Zivilbevölkerung durch den Luftterror zu zermürben und in die Opposition gegen Hitler zu treiben, wurde nicht erreicht. Im Gegenteil, die Propaganda brauchte den Hass auf die «Luftpiraten» kaum mehr anzufachen. Unmittelbar nach dem Krieg stellte der amerikanische «Strategie Bombing Survey» fest, die Städtebombardierungen seien militärisch unergiebig gewesen. Gegenüber den nächtlichen Flächenbombardements der Royal Air Force erwiesen sich die gezielten Tagesangriffe der amerikanischen «fliegenden Festungen» gegen Schlüsselindustrien der Rüstungswirtschaft und das Verkehrssystem als so effektiv, dass Speers Riesenapparat seit dem Spätherbst 1944 wie gelähmt dalag.

Der Zorn auf die sinnlose Zerstörung treibt Friedrich um. Er verleiht seinem Buch die Wucht, den beschwörenden Duktus der Sprache, den Drang zur schließlich ermüdenden Wiederholung der Unheilsbeschreibung. Vielleicht besitzt seine Darstellung aber auch deshalb irritierende Grenzen. Sie verzichtet auf die Einbettung des Luftkriegs in den Kontext. Hitler und seine Deutschen haben den Krieg vorbereitet und entfesselt. Bereits im September 1939 gewann er mit den Morden im polnischen Hinterland die Züge des künftigen Weltanschauungs- und Rassenkriegs, dessen Fratze seit dem Sommer 1941 im Vernichtungskrieg gegen die Sowjetunion und die europäische Judenheit vollends hervortrat. Die Luftwaffe bombardierte, militärisch unsinnig, die Wohnviertel der Warschauer Innenstadt, die Wohnviertel von Rotterdam, die Wohnviertel von zwei Dutzend englischen Städten. Der englische Angriff auf deutsche Städte war Reaktion, nicht Initiative.

Das entschuldigt keinen einzigen Luftangriff, aber es rückt die Proportionen zurecht. Jeder fünfte Pole, jeder fünfte Jugoslawe kam im Krieg um. Millionen russischer Zivilisten wurden umgebracht, sechs Millionen Juden in kürzester Zeit ermordet. Als die Rote Armee im Sommer 1944 die Heeresgruppe Mitte buchstäblich vernichtete, kamen mindestens 350 000 deutsche Soldaten um, mehr als die Hälfte aller Bombenkriegsopfer. Jeder Tote ist ein Toter zu viel. Für das Individuum macht es im Augenblick des Todes keinen erheblichen Unterschied, ob es im Keller der Gestapo oder des NKWD, im Vernichtungslager, an der Ostfront oder im Luftschutzkeller ermordet wird. Aber der Hinweis auf diese Kontinuität des Massenmordens hätte den Eindruck relativiert, der Bombenkrieg gegen die deutschen Städte stelle ein Unikat dar. Im totalen Krieg bedient sich auch der Angegriffene aller inhumanen Mittel, um zu überleben, auch um Rache zu nehmen.

Der historische Kontext ist eins, etwas anderes ist die Sprache, die Unsicherheit des historischen Urteils und die manchmal bedenkenlose Neigung zur Emotionalisierung. Da ist mehrfach vom «Vernichtungskrieg» gegen die deutschen Städte und ihre Zivilbevölkerung die Rede, obwohl dieser Begriff bisher aus guten Gründen für den Vernichtungskrieg gegen Juden und Slawen reserviert war. Da gibt es einen «Auftrag zur Massentötung», «Zivilmassaker», einen «mongolischen Vernichtungsorkan», eine «unerklärliche Vernichtungstrunkenheit». Die «Bomber Group 5» mutiert zur «Einsatzgruppe», Bombenopfer werden zu «Ausgerotteten», ihre Keller zu «Krematorien» erklärt. Das ist die unverhohlene sprachliche Gleichstellung mit dem Horror des Holocaust. Soll man einem reflektierten Autor wie Friedrich unterstellen, dass ihm diese semantischen Entgleisungen zufällig unterlaufen sind?

Die undisziplinierte Sprache weckt oder bekräftigt Ressentiments, wenn nicht gar neue Hassgefühle. Noch einmal: Auch über den Luftkrieg, seine Opfer und seine Traumata muss endlich diskutiert werden. Aber befinden sich Churchill und Hitler wirklich auf ein und derselben Stufe als Initiatoren des Bombenkriegs? War das Kalkül zunächst so falsch, den übermächtigen Gegner durch Flächenbombardements in die Knie zu zwingen? Gab es alternative Mittel, nachdem der Konflikt den Charakter des totalen Krieges gewonnen hatte?

Die Gefahr von Friedrichs Buch besteht darin, dass es mit seiner Leidenschaft für die hilflosen Opfer des alliierten Bombenkriegs den modischen Opferkult unterstützen könnte, der in den Vereinigten Staaten schon längst Furore macht. Der Rückzug auf die Opferrolle hat in der deutschen politischen Kultur eine formidable Tradition. Viele Deutsche empfanden sich als Opfer der «Einkreisung» vor 1914, des Ersten Weltkriegs, der Hyperinflation, der «Großen Depression», der Überwältigung durch den importierten Braunauer, des Zweiten Weltkriegs, der Vertreibung, der Siegerjustiz, der Spaltung. Glücklicherweise hat dieses Selbstmitleid nicht das politische Klima der Bundesrepublik vergiftet, geschweige denn dominiert. Doch am rechten Narrensaum der Politik lebt es unvermindert fort. Von einem Autor wie Friedrich, der so schreibgewandt und mit der neuesten Geschichte so vertraut ist, hätte man ein differenzierteres Urteil, vor allem eine abwägendere Sprache erwartet. Und was folgt nach Vertreibung und Luftkrieg? Der Untergang der U-Boot-Flotte mit mehr als 40 000 ertrunkenen Matrosen im Zeichen der Radarmaschine? Der Blutzoll der Wehrmacht, die allein nach dem gescheiterten Attentat auf Hitler am 20. Juli 1944 mehr als die Hälfte ihrer Kriegstoten verloren hat? Das Ende der Nachtjäger?

Vielleicht könnte die Diskussion sogar befreiend wirken. Doch käme es zu einer weiteren Bedienung des Opferkults, verlöre die deutsche Öffentlichkeit Schritt für Schritt eine kostbare Errungenschaft der letzten Jahrzehnte: die selbstkritische Auseinandersetzung mit der eigenen jüngeren Geschichte. Es ist diese Auseinandersetzung, die sie zukunftsfähig gemacht hat.

Hans Mommsen

Moralisch, strategisch, zerstörerisch

Die verheerenden Auswirkungen der alliierten Luftangriffe auf Deutschland im Zweiten Weltkrieg waren im öffentlichen Bewusstsein der Deutschen jahrzehntelang fast völlig zurückgetreten. W. G. Sebald, dessen viel beachtetes Buch über Luftkrieg und Literatur im Fischer Taschenbuch Verlag neu aufgelegt wurde und das vor allem in England eine lebhafte Diskussion auslöste, konstatierte einen «perfekt funktionierenden Mechanismus der Verdrängung» in Literatur und Wissenschaft und sprach von dem verleugneten «Geheimnis der in die Grundfesten unseres Staatswesens eingemauerten Leichen». In ähnlicher Weise wurden lang die Folgen von Flucht und Vertreibung beschwiegen, wie beispielsweise der Untergang der mit Flüchtlingen voll besetzten Wilhelm Gustloff, an den Günter Grass in seiner Novelle *Im Krebsgang* erinnert hat.

Inzwischen ist aus der Feder von Jörg Friedrich, der insbesondere durch seine Arbeiten über den Freispruch der Nazi-Justiz und die Wehrmachtsverbrechen in Russland 1941–1945 bekannt geworden ist, eine umfassende Darstellung des Bombenkrieges im Propyläen-Verlag erschienen, die diese Lücke auszufüllen sucht. Die überwiegend kritische Aufnahme des Buches in Großbritannien bezieht sich auf die Befürchtung, dass es Anlass zu revisionistischen Tendenzen geben könnte. Doch diese Absicht dem Buch selbst zu unterstellen täte seinem Autor Unrecht. Friedrichs eher impressionistisch gehaltene Darstellung schildert zunächst die Entwicklung der technischen Voraussetzungen des modernen Massenbombardements, der Funkleitsysteme in Deutschland und in Großbritannien, des Radars und der immer virtuoseren Methoden, die Ziele für die Bomber zu markieren, zugleich die immer deutlicher hervortretenden Schwächen der deutschen Luftverteidigung. Im Anschluss skizziert er Überlegungen, die die Royal Air Force dazu bewogen, zum *area bombing* überzugehen, das nicht mehr in erster Linie gegen Industrieanlagen und Verkehrseinrichtungen gerichtet war, sondern die Zerstörung der Wohnsiedlungen anstrebte und damit eine Demoralisierung der Bevölkerung zu erreichen suchte.

Friedrich verschweigt nicht, dass am Anfang die deutschen Vernichtungsschläge aus der Luft gegen feindliche Großstädte standen, so gegen Coventry, London, Rotterdam und Warschau, und dass das Konzept der von Goebbels so genannten «Terrorangriffe» auf Deutschland zurückgeht. Hitlers im Sommer 1940 gefasster Entschluss, die Wohnbezirke englischer Städte zu bombardieren, stellte ein indirektes Eingeständnis dar, dass das Unternehmen «Seelöwe», damit die Landung auf der englischen Insel aufgegeben werden musste, nachdem es nicht gelungen war, die britische Jagdwaffe auszuschalten. Friedrich nimmt dadurch Unterstellungen, er wolle die deutsche Seite entlasten, die Spitze, betont aber auch, dass schon im Ersten Weltkrieg von allen Seiten ins Auge gefasst wurde, den Krieg gegen die Zivilbevölkerung zu richten – was von deutscher Seite auch praktiziert wurde.

Der Schwerpunkt der Darstellung liegt auf einer detaillierten Schilderung der alliierten Bombenoffensive gegen Deutschland. Friedrich legt ihr eine geographische Systematik zugrunde, was gelegentlich verwirrend wirkt, da die jeweiligen Phasen des Bombenkriegs aus dem Blick geraten. Das verheerende Ausmaß der Zerstörungen und der Menschenverluste sowie der Umfang des Luftkrieges, der schließlich alle größeren Städte erfasste, treten dabei in erschütternder Weise ins Bewusstsein, wobei Friedrich jeweils an deren historische Tradition und architektonisches Erbe erinnert.

Die Gesamtbilanz umfasst zugleich die Leiden der zivilen Bevölkerung, die durch den späten und teilweise versäumten Bunkerbau nur unzureichend geschützt war, wenngleich die Verluste dann mit ungefähr 1,5 Prozent der Einwohner im Verhältnis zu dem Umfang der Bombardements eher begrenzt waren. Das Versagen der Sicherungssysteme, die zunehmende Chancenlosigkeit der Löschkommandos, die unzureichende Ausstattung mit Schutzräumen, die Ausschließung von Juden, Kriegsgefangenen und Zwangsarbeitern, die Schwierigkeiten der Bergung der Leichen sowie die psychologischen Folgen für die Bombenopfer, sofern sie das Inferno überleben, verdichten sich zu einem Panorama des Grauens. Abschließend skizziert Friedrich die weithin vergeblichen Anstrengungen, historische Bauten, Kunstwerke, Gemälde, Bibliotheken und Archive zu schützen oder zu verlagern. Das in seinem ganzen Umfang nahezu unfassbare Debakel, das durch die immer systematischer durchgeführten alliierten Luftangriffe angesichts der zunehmend schwächer werdenden und schließlich fast ganz ausgeschalteten Luftabwehr herbeigeführt wurde, tritt eindrücklich und in seinem ganzen Schrecken vor Augen.

Friedrichs Darstellung ersetzt keine systematische Analyse der Entstehung des *moral bombing*, wie das Konzept der primär gegen die Zivilbevölkerung gerichteten Flächenbombardements auf britischer Seite umschrieben wurde, fasst aber die Ergebnisse der Forschung sachkundig zusammen. Man hat ihm zum Vorwurf gemacht, eine Terminologie zu wählen, die den Bombenkrieg in die Nähe des «Holocaust» rückt, und es hätte ein Hinweis darauf nicht geschadet, dass der Bombenkrieg weder im Hinblick auf die Größenordnung der durch ihn entstandenen Verluste noch auf die systematische Vernichtungsabsicht neben die Shoah, die Menschenverluste der osteuropäischen Völker und die Politik der «verbrannten Erde» in Russland gestellt werden kann.

Indessen wurde der Terminus der «Ausrottung» von Churchill selbst gebraucht und spielte aufseiten der britischen Planungsstäbe der Gedanke der Schaffung menschenleerer Räume eine Rolle. Gerade für die späten Angriffe gegen nahezu unverteidigte Plätze ohne ernstlichen militärischen Wert und deren verhängnisvolle Folgen für die weithin ungeschützte Zivilbevölkerung lassen die Wortwahl vom «Massaker» legitim erscheinen. Aber es geht dem Autor nicht darum, eine gegenseitige Aufrechnung von Kriegsverbrechen vorzunehmen, und Friedrich ist aufgrund seiner bisherigen Arbeiten schwerlich dem Lager derjenigen zuzuordnen, denen darum zu tun ist, Schuldfragen aufzurollen.

Wohl aber zeigt Friedrich die Eskalation in der bedenkenlosen Wahl der Kampfmittel auf, wobei beide Seiten sich nicht viel nachgaben. Er erwähnt Überlegungen des britischen Premierministers, auf die Angriffe der V1 und V2 mit Gasangriffen zu antworten oder nötigenfalls die Anwendung biologischer Kampfmittel, darunter Milzbrand, ins Auge zu fassen. Die Brutalisierung der Kriegsführung im Zweiten Weltkrieg, die von Hitler ausging, kannte nahezu keine Grenzen, und das *area bombing* gehört in diesen Zusammenhang. Friedrich schildert, dass sich dieses Kampfmittel, einmal technisch zur Vollendung gebracht, von den engeren militärischen Zwecken löste, als Kompensation für die nicht errichtete zweite Front diente, auch vorübergehend die einzige wirksame Waffe darstellte, die Großbritannien gegenüber den Achsenmächten zu Gebote stand. Trotzdem ist die Perfektionierung der gerade gegen zivile Ziele entwickelten Zerstörungstechnik, die in der Erzeugung von Feuerstürmen gipfelte und durch die Verwendung von Zeitzündern sowohl die Löschkommandos wie die Rettungskräfte ausschaltete, nachgerade erschreckend.

Friedrichs Darstellung zeigt jedoch an unzähligen Beispielen, dass die Zielsetzung der Demoralisierung der deutschen Bevölkerung, die als Rechtfertigungsgrund für die schließlich auch gegen die deutschen Mittelstädte gerichteten Massenbombardements angeführt wurde, nahezu vollständig verfehlt wurde. Die Reaktion der betroffenen Menschen, die den Verlust ihrer nächsten Angehörigen und Nachbarn beklagten, die dem Flammenchaos mit Müh und Not entronnen waren und ihre Habe fast vollständig verloren hatten, richtete sich auf das nackte Überleben, und wenn Hass und Verzweiflung im Spiele waren, galten sie nicht Göring, Hitler und dem Regime, sondern den Alliierten und tobten sich in der Lynchjustiz gegen gefangen genommene alliierte Bomberpiloten aus. Aber in der Regel überwog Apathie, eine Gewöhnung an Teilnahmslosigkeit und ein unbestimmtes Schuldgefühl. Goebbels' Propaganda der «Terrorangriffe» verfehlte ihre Wirkung nicht, aber zugleich setzte sich bei den von ihr erfassten «Volksgenossen» die Vorstellung durch, der alliierte Luftkrieg sei eine Antwort auf die Ermordung der Juden. Die «Auslöschung des Widerstandswillens der Deutschen», von der Charles Portal, der Stabschef der Royal Air Force, 1941 träumte und die er 1942 durch Angriffe auf die Siedlungsgebiete herbeiführen wollte, blieb eine Illusion. Schon die fast vollständige Auflösung des gewachsenen gesellschaftlichen Gefüges schloss gemeinschaftliche Reaktionen, die sich gegen das Regime hätten richten können, aus, und die alliierten Flugblätter, in denen die Einwohner des Ruhrgebiets aufgefordert wurden, das Revier zu verlassen, verkannten die fehlenden Handlungsspielräume der Bürger, die infolge der Bombenangriffe umso mehr von der Hilfe der staatlichen Organe abhängig waren.

Bis in das Jahr 1944 hinein stärkte die alliierte Luftoffensive die Stabilität des NS-Regimes. Die Luftangriffe erlaubten es Martin Bormann, das ramponierte Ansehen der Partei zu verbessern, indem die NSV angewiesen wurde, in ihrem Namen tätig zu werden, um den Ausgebombten erste Unterstützung zu gewähren, deren Versorgung mit Lebensmitteln, Bekleidung, Unterkünften und Hausrat sicherzustellen und die Verschickung in nicht bombengefährdete Gebiete in die Wege zu leiten. Die bis dahin fiktive NS-Volksgemeinschaft schien gegenüber den Betroffenen, und das waren wachsende Teile der städtischen Bevölkerung, Realität zu werden, und dadurch regenerierte sich die zuvor weithin verlorene Loyalität gegenüber dem NS-Regime. Erst seit dem Sommer 1944 kann von nachhaltigen demoralisierenden Wirkungen gesprochen werden, die aber ebenso von den eskalierenden Verlusten an der Front und der aussichtslos werdenden militärischen Lage ausgingen.

Insoweit war der reale militärische Wert des *strategic bombing* zweifelhaft. Entscheidende Beeinträchtigungen der deutschen Rüstungsproduktion traten erst durch die gezielten Angriffe auf die Jägerproduktion, die Kugellagerfabriken, die Raffinerien und schließlich die Verkehrswege 1944 ein. Gewiss konnten die Angriffe gegen Städte damit begründet werden, dass sie Verkehrszentren darstellten, aber Friedrich zeigt eindrücklich, dass die Air Force auch in diesen Fällen der Entfachung von Feuersbrünsten nach dem Vorbild von Hamburg und Pforzheim den Vorzug gab. Pforzheim, das für die Rüstung bedeutungslos war, wurde gleichsam als Versuchsobjekt vernichtet. Noch problematischer erscheinen die vorwiegend gegen Flüchtlinge gerichteten, bis in die letzten Kriegstage fortgesetzten Bombardements in Ostdeutschland, obwohl auch in London zunehmende Bedenken gegen die Fortsetzung des Flächenbombardements auftauchten.

Es gibt zwar vielerlei erklärliche Ursachen dafür, dass die westlichen Alliierten die Bombardements und die inzwischen üblichen Tieffliegerangriffe auch auf die Zivilbevölkerung bis zuletzt fortsetzten, obwohl ihr militärischer Wert zweifelhaft war. Aber das ändert nichts an der Schlussfolgerung, dass diese Form der Kriegsführung weithin verfehlt war und dass der Aufwand an technischer Anstrengung und Personal in keinem angemessenen Verhältnis zum Ziel der rascheren Kriegsbeendigung stand, sondern womöglich den inneren Zusammenhalt des Regimes noch weiter gestärkt hat. Die Relation von 55 000 gefallenen alliierten Bomberpiloten und zwischen 420 000 und 570 000 Zivilpersonen, darunter ein wachsender Anteil an Frauen und Kindern auf deutscher Seite, macht das deutlich genug. Als Pendant dazu steht die V2, deren Produktion fast ebenso viele Opfer – vor allem KZ-Häftlinge – kostete wie ihr Einsatz gegen die Alliierten.

So legt das Buch von Friedrich, indem es an diese in Deutschland vielfach verdrängten Geschehnisse erinnert, die Schlussfolgerung nahe, diese Form der Kriegsführung ebenso wie diejenige der Verwendung von Gas und biologischen Kampfmitteln international zu ächten. Die Überschätzung der kriegsentscheidenden Bedeutung des Luftkrieges hat sich trotz der abschreckenden Erfahrungen des Zweiten Weltkrieges bei den Militärs allenthalben erhalten, und die Tatsache, dass trotz einer inzwischen verfeinerten Technik schwer wiegende Folgen für die unbeteiligte Zivilbevölkerung eintreten, sollte nicht länger mit dem Eingeständnis unvermeidlicher «Kollateralschäden» heruntergespielt werden. Die tief sitzende Ablehnung kriegerischer Gewalt in der heutigen deutschen Bevölkerung wird man als eine Fernwirkung der Erfahrungen des Bombenkrieges, aber auch der allgemeinen Brutalisierung der Kriegsführung nach 1942 zuschreiben.

Dass nach diesen Erfahrungen der Gedanke an die Möglichkeit eines Präventivkrieges gegen den Irak und der Glaube an die Möglichkeit, kritische Bedrohungen mit kriegerischen Mitteln dauerhaft auszuschalten, in der Bundesrepublik nur bei einer Minderheit auf positive Resonanz stößt, sollte nicht verwundern. Statt die Darstellung von Jörg Friedrich und parallele Versuche, an die Grauen des

Zweiten Weltkrieges zu erinnern, als einen späten Entlastungsversuch zu instrumentalisieren und eine überholte Diskussion über Schuldfragen damit zu bestreiten, oder umgekehrt den Deutschen zu unterstellen, sie tendierten dazu, sich erneut als Opfer zu gerieren, geht es darum, grundsätzliche Lehren aus den Erfahrungen des Zweiten Weltkrieges zu ziehen, sofern das überhaupt möglich ist. Dazu gehört die Einsicht, dass die Eskalation des Luftkrieges aus militärischen und aus humanitären Gründen gleichermaßen verfehlt war.

Heribert Seifert

Rekonstruktion statt Richtspruch

Diese Vergangenheit will nicht vergehen: Plötzlich sind sie wieder da, die Bilder vom mörderischen Straßenkampf in den Ruinen von Stalingrad und Berlin, die Erinnerungen an die Gräuel der Flucht aus den deutschen Ostgebieten und an die Nächte in den Luftschutzkellern, als draußen in den Städten der Feuersturm raste, den britische Bomber entfesselt hatten. Das «Dritte Reich» geht noch einmal unter.

Die Schlachten und Feldherren des Zweiten Weltkriegs haben Konjunktur: «Der Brand», das Buch eines Privatgelehrten über den Bombenkrieg, ist schon mehr als 110 000-mal verkauft. «Stalingrad ist in aller Munde», schreibt der «Spiegel» in seiner Titelgeschichte zum Thema und lässt sich von Militärhistorikern berichten, dass die Studenten ihnen plötzlich «die Bude einrennen», weil sie wissen wollen, wie es damals war, als im Kampf um den Kessel an der Wolga mehr als eine halbe Million Soldaten starben. Im Fernsehen gibt es dazu gleich zwei Dokumentationsserien, von denen die erste ausgerechnet in der Weihnachtszeit ausgestrahlt wurde. Auch ein Porträt des Generalfeldmarschalls Paulus, der die deutschen Truppen befehligte, ist erneut zu sehen.

Woher kommt dieses neue Interesse an Themen, die längst erledigt schienen? Mit dem Aussterben der Zeitzeugen-Generation spielen Krieg und Kriegsfolgen doch keine Rolle mehr im Alltagsgespräch deutscher Familien. Und waren nicht die deutschen Soldaten, an deren Niederlagen wir jetzt wieder teilnehmen sollen, durch die berüchtigte «Wehrmachtsausstellung» ohnehin als Kriegsverbrecher überführt worden, so dass ihr Schicksal keine sonderliche Nachfrage mehr verdiente? Allenfalls als Stoff für historische Actionserien des Fernsehens taugte das Schlachtgetöse mit seiner Hollywood-Szenerie von Gewalt und Zerstörung noch, nicht aber als Herausforderung fürs öffentliche Geschichtsbewusstsein.

Und jetzt ist wieder alles anders. Die Grabplatte, die im kollektiven Gedächtnis diese Epoche versiegelt, bekommt Risse und Sprünge. Wo Hell und Dunkel so eindeutig zu unterscheiden waren, weiten sich jetzt Zonen eines Zwielichts, in denen die Guten und die Bösen nicht immer ohne Zweifel zu erkennen sind. Öffentliches Gedenken in den Grenzen geschichtspolitischer Korrektheit gerät in ein Spannungsverhältnis zu anderen Geschichten und anders erlebter Geschichte. Medien und Marketingagenten der Verlage und Sender sprechen von «Tabubruch» und davon, dass lange Beschwiegenes ins öffentliche Gespräch zurückkehre.

Solche Rede folgt meist durchsichtigen Zwecken. In Wirklichkeit sind die Themen, die jetzt mit Macht in die Öffentlichkeit drängen, nie ganz ausgesperrt gewesen. Über das große Sterben während Flucht und Vertreibung der elf Millionen Deutschen aus dem Osten ist ebenso gesprochen, geschrieben und gefilmt worden wie über den Untergang der 6. Armee in Stalingrad und über die Verheerungen, die der Bombenkrieg in Dresden, Hamburg und anderswo angerichtet hat. Wohl aber standen in den letzten beiden Jahrzehnten die Erinnerungen daran im Schatten des Holocaust, wurde der Gedanke an das Leiden von Deutschen reflexartig mit dem Verweis auf die größere deutsche Schuld konterkariert.

Jetzt wird diese Koppelung als so selbstverständlich vorausgesetzt, dass sie nicht stets aufs Neue beschworen werden muss. Gerade weil kein ernst zu nehmender Zeitgenosse mehr Auschwitz leugnet oder deutsche Schuld bestreitet, kann heute auch die Geschichte des Krieges nicht mehr nur aus jener Zentralperspektive geschrieben werden, die den Völkermord zum Angelpunkt jeder Darstellung nimmt. Die Rekonstruktion des vergangenen Lebens tritt neben dem moralischen Richtspruch in den Vordergrund. Vertrautes erscheint damit in einem anderen Blickwinkel, und Entdeckungen werden möglich, wo alles schon bekannt schien. Es sind allerdings nicht die akademischen Historiker, die solche Erkundungen wagen, sondern Außenseiter der Zunft: ehemalige Journalisten oder Exmilitärs, die sich mit überzeugenden Darstellungen als Geschichtsschreiber durchsetzen. Dabei genießen ausländische Autoren mehr Freiheit zu Grenzüberschreitungen als deutsche.

Deutlich wird dieser andere Blick bereits in den Büchern von Antony Beevor und Joachim Fest: In ihnen erscheint der Untergang des Dritten Reiches vor allem als «katastrophisches Ereignis», so «voll von Widerspruch, Verblendung und Drama» (Fest), dass es in der neueren Geschichte kein Gegenstück hat. Es ist ein ungeheures Geschehen, das alte Kulturlandschaften in eine Zivilisationswüste verwandelte und Menschen in namenloses Leid zwang, kaum vorstellbare Formen von Niedertracht und Verbrechen freisetzte, aber auch staunen lässt vor Zeugnissen menschlicher Bewährung. Der Versuch, «zu verstehen, nicht zu verurteilen», den Maurice Philip Remy in der TV-Dokumentation und im Buch über den «Mythos Rommel» unternommen hat, führt zu einer differenzierten Einsicht in eine Biographie, die ebenso problematisch wie faszinierend ist.

Ein solcher Blick macht aus dem Ende von Hitlers Herrschaft den klassischen Stoff des Epikers und des erzählenden Historikers. «Einen Ausschnitt gelebten Lebens zur Anschauung bringen» will Joachim Fest, und Antony Beevor möchte mit «Berlin 1945» der Vorstellungskraft derer helfen, die «in den entmilitarisierten Gesellschaften nach Ende des Kalten Krieges aufgewachsen sind».

Ein solches Vorhaben setzt weder in erster Linie auf die Gewissheiten des moralischen Urteils noch auf die Abstraktionen der Strukturgeschichte, sondern nimmt «das elementare Vergegenwärtigungsbedürfnis» ernst, das nach Joachim Fests Überzeugung «am Anfang aller historischen Betrachtung steht». Authentizität im Nacherleben verlangt, dass die Darstellung das Eigenrecht der Einzelereignisse ebenso berücksichtigt wie die Totalität des Geschehens. In denkbar weiter Perspektive erzählt deshalb Fest von den «von aller Vernunft verlassenen Entscheidungen der Führung», von «der Angst und dem Entsetzen, die daraus folgten», und vernachlässigt selbst «die Einschläge schriller Komik nicht, die gelegentlich auftreten».

Während Joachim Fest seine Darstellung auf 14 Tage konzentriert, lässt Antony Beevor in seinen Büchern über Stalingrad und Berlin das gewaltige Panorama einer Welt im Untergang entstehen. Als hätte es die Debatten um die Theorie der Geschichtswissenschaft nie gegeben, führt uns hier wieder ein allwissender Erzähler in die Schützengräben der Wehrmacht und der Roten Armee, flaniert über die Trümmer-Boulevards der Städte, stellt sich neben Stalin und Hitler, wenn sie mit ihren Stäben strategische Entscheidungen treffen. Beevor kennt die verzweifelten Witze, mit denen die Berliner ihr Aushalten begleiteten, und die sentimentalen Lieder der Sowjetsoldaten. In jähen Schnitten werden die Todesmärsche der KZ-Häftlinge neben die Elendszüge der Flüchtlinge gesetzt. Die Potenziale der Vernichtung und das Dehumanisierungssystem Krieg finden ihre akkurate Darstellung. Vor den Augen des Lesers entsteht das Bild vom totalen Krieg als einem sozialen System, das über Monate hinweg den Ausnahmezustand zum Alltag machte.

Beevor ist so unparteiisch, wie es eine epische Darstellung verlangt. Der Amoklauf der NS-Mordmaschine in den letzten Tagen des Regimes ist ebenso beschrieben wie das Wüten des bolschewistischen Terrorapparats unter den eigenen Truppen, dem allein während der Stalingrad-Kämpfe 13 500 Rotarmisten zum Opfer fielen. In seinem «Berlin»-Buch kehrt er immer wieder zur Niedermetzlung der Flüchtlinge und zu den Massenvergewaltigungen deutscher Frauen zurück. Sowenig er deutsche Kriegsverbrechen entschuldigt, sowenig lässt er das billige Argument der «Vergeltung» zu.

Über die Urheberschaft an diesem Exzess an Vernichtung lässt Beevor keinen Zweifel, aber im Mittelpunkt steht bei ihm wie in den TV-Dokumentationen über Stalingrad die große Erzählung einer «Geschichte voller Wahnsinn, Mitleidlosigkeit und Tragik», die die Erfahrung der Zeitgenossen erreichen will. Auf dieser Ebene kann über die Opfer auf beiden Seiten geredet werden, ohne dass man gleich Angst vor einer fatalen Aufrechnung der Verbrechen haben müsste. Unter dem Eindruck solcher Darstellungen wirken die Alarmrufe nur peinlich empfindungslos, mit denen noch Anfang letzten Jahres die letzten geschichtspolitischen Sprachpolizisten Günter Grass' Novelle «Im Krebsgang» vorwarfen, sie schildere das Leiden der deutschen Flüchtlinge mit zu viel Empathie.

Ähnliche Einwände gegen Jörg Friedrichs Buch «Der Brand» tönen heute schon matter. Das Buch hat allerdings die geschichtspolitisch korrekte Kritik auf eine kunstreiche Weise hilflos gemacht: In einer ebenso suggestiven wie detailversessenen Darstellung, die mit einprägsamen Bildern arbeitet, schildert Friedrich den alliierten Bombenkrieg gegen die deutsche Zivilbevölkerung als höchste Form des totalen Krieges. Er analysiert die in der Folge des Ersten Weltkriegs entwickelte strategische Planung und den zu ihrer Verwirklichung nötigen industriell-wissenschaftlichen Komplex. Parallel dazu beschreibt er in Szenen von manchmal schwer erträglicher Dichte den Krieg als individuelles und kollektives Erlebnis. Er begleitet den Bomberpiloten beim Anflug und erzählt, gestützt auf Quellenmaterial, davon, was am Boden geschieht. Während die offiziöse Luftkriegs-Geschichtsschreibung das große Sterben in den Straßen und Kellern weitgehend ausspart, ist hier die mörderische Wirkung wissenschaftlichen Kalküls bei den Explosiv- und Brandstoffen anschaulich gemacht. Friedrich vergegenwärtigt auf suggestive Weise, was damals Millionen Menschen traf.

Diese Vergegenwärtigung, deren sachlicher Gehalt bis auf unbedeutende Details von niemandem bestritten wird, nötigt auch jenen übellaunigen Kritikern Anerkennung ab, die die geschichtspolitische Provokation des Buches spüren. Denn «Der Brand» ist nicht nur eine singuläre Darstellung eines besonders grausamen Schlachtfeldes. Es ist auch die bisher größte Herausforderung an die kanonisierte Unterscheidung zwischen gerechtfertigter Kriegführung und Kriegsverbrechen. Zwar nennt Friedrich an keiner Stelle seines Buches den Bombenkrieg ein Kriegsverbrechen, doch treibt seine Beschreibung von Planung und Durchführung dieses Krieges den Leser unausweichlich auf den Gedanken zu, dass hier der Kampf gegen die Hitler-Barbarei mit Methoden geführt wurde, die selbst barbarisch waren. Das Schlüsselwort für Idee und Praxis des Luftkriegs ist für Friedrich «Vernichtung». Ihm gehorcht die gesamte Inszenierung des Angriffs.

Jörg Friedrichs «Der Brand» ist damit nicht bloß eine Provokation für die britische Öffentlichkeit, in der das Buch, gelegentlich ohne Kenntnis des Textes, mit pauschalen Verrissen belegt wurde und bisher keinen Verleger gefunden hat. «Der Brand» stiftet auch im öffentlichen Geschichtsbewusstsein in Deutschland eine Unruhe, die sich in jüngster Zeit nur mit der Eröffnung der «Wehrmachtsausstellung» vergleichen lässt. Stand damals das Millionenheer deutscher Soldaten an der Ostfront unter Generalverdacht, so fällt nun ein Schatten auf die Kriegführung der Westmächte. Und plötzlich ist die Vergangenheit beunruhigend nah: Wenn der Luftkrieg die bislang äußerste Erscheinungsform des totalen Krieges ist, der die Menschen am Boden unterschiedslos vernichtet, so fällt zu seiner Rechtfertigung nur noch die Denkfigur des «gerechten Krieges» ein, von dem gerade jetzt wieder so viel die Rede ist. Die unschuldigen Opfer, die es auch zwischen 1940 und 1945 zu Tausenden gab, werden heute bekanntlich als «Kollateralschäden» gegen militärische «Notwendigkeiten» verrechnet. Kein Wunder, dass diese Vergangenheit nicht vergehen will.

Peter Schneider

Deutsche als Opfer? Über ein Tabu der Nachkriegsgeneration

Die ersten Eindrücke meines Lebens sind endlose Fahrten in überbesetzten Zügen, die plötzlich auf freier Strecke hielten. Dann hörte man das Dröhnen von Tieffliegern, die ihre Bombenlast verstreuten, aufstiegen, wiederkehrten und neue Bomben abwarfen. Einmal wurden wir aufgefordert, aus dem Zug auszusteigen und in einem nahen Kiefernwald Zuflucht zu suchen. Während wir auf den Wald zuliefen, hörten wir, hörte ich – unmöglich, das Selbsterlebte und das später Erzählte nachträglich zu unterscheiden –, in dem Wald würden dreihundert verkohlte Tote liegen, keine gute Idee, dort Zuflucht zu suchen. Wir rannten auf den Totenwald zu, ich erinnere mich nicht daran, Leichen gesehen zu haben, nur an den Schreck, als meine Mutter, zehn oder zwanzig Schritte vor mir und meinen Geschwistern – waren sie dabei? – sich unter einem heranfliegenden Tiefflieger duckte und gleich darauf in einem aufschießenden Wirbel aus Blitzen, Staub und Erdreich verschwand. Als sich der Staub gelichtet hatte, sah ich meine Mutter wieder, wie sie mit ausgestreckten Armen auf mich – und meine Geschwister? – zulief.

Als ich W. G. Sebalds Essay «Luftkrieg und Literatur» aus der Hand legte, hatte ich das Gefühl, dass mir ein kollektives Trauma vergegenwärtigt worden war, das durchaus Teil meiner eigenen Erfahrung war. Und es teilte sich mir das Staunen darüber mit, das Sebald in immer wiederkehrenden Wendungen als seinen Ausgangspunkt beschreibt:

«Die in der Geschichte bis dahin einzigartige Vernichtungsaktion ist in die Annalen der sich neu konstituierenden Nation nur in Form vager Verallgemeinerungen eingegangen, scheint kaum eine Schmerzensspur hinterlassen zu haben im kollektiven Bewusstsein … – ein durchaus paradoxer Sachverhalt, wenn man bedenkt, wie viele Menschen dieser Kampagne Tag für Tag, Monat für Monat, Jahr für Jahr ausgesetzt waren und wie lange sie, bis weit in die Nachkriegszeit hinein, konfrontiert geblieben sind mit ihren realen, jedes positive Lebensgefühl erstickenden Folgen.»

Und wenn denn von den Folgen dieser nur erlittenen, kaum beschriebenen Erfahrung die Rede ist: Benehmen wir, die Kinder und Enkel, uns nicht zuweilen immer noch wie Traumatiker? Wandeln wir nicht wie Schlafwandler durch unsere wieder aufgebauten Städte, überzeugt, dass das Böse, das wir selbst erzeugt und dann, in der Gegenwehr der von uns überfallenen Völker, selbst erlitten haben, nichts als ein böser Traum gewesen sei? Und bauen uns nun vor dem Rest der Welt als Weltmeister der Unschuld auf, als die wahren Experten über Krieg und Frieden?

Selten ist es einem Autor gelungen, die Fragen und Beunruhigungen, die seine Untersuchung anstießen, ganz ohne Reibungsverluste auf einen Leser wie mich zu übertragen. Es ist verblüffend, dass W. G. Sebald die nachholende Beschreibung dieses Traumas ausgerechnet in einem Essay gelungen ist, dessen Gegenstand eigentlich nicht die Katastrophe des Luftkriegs ist, sondern die Frage, warum sie in der Nachkriegsliteratur so wenig Spuren hinterlassen hat.

Erst seit ungefähr drei Jahren haben deutsche Schriftsteller und Historiker damit begonnen, sich eines Themas anzunehmen, das als Herausforderung seit einem halben Jahrhundert vor aller Augen lag. Zumindest *ein* Grund für die fast vollständige Vermeidung dieses Stoffes scheint auf der Hand zu liegen: Gerade den kritischen Autoren im Nachkriegsdeutschland erschien das Projekt, das Tätervolk der Deutschen auch als Opfer des von ihm ausgelösten Weltkrieges zu beschreiben, als eine moralische und ästhetische Unmöglichkeit.

Seit der Jahrtausendwende gibt es plötzlich eine ganze Reihe von Annäherungen, die nicht nur auf das «verbotene Thema», sondern auch auf die Gründe seiner Vermeidung neues Licht werfen. Den Anfang machte W. G. Sebald mit seinem Essay, nach Sebald hat sich Günter Grass mit seiner Novelle «Im Krebsgang» zu Wort gemeldet. Der kurze Prosatext ruft eine historische Tragödie in Erinnerung: das Schicksal des Flüchtlingsschiffs *Gustloff*, das im Frühjahr 1945 mitsamt seinen etwa 9000 Passagieren, die Mehrzahl von ihnen Marinehelferinnen und Kinder, von einem sowjetischen U-Boot versenkt wurde. In diesem Jahr hat der Militärhistoriker Jörg Friedrich, auf dessen Forschungen schon Sebald in seinem Essay verweist, eine umfangreiche Studie «Der Brand» vorgelegt, die binnen weniger Wochen zu einem Bestseller wurde. Jörg Friedrich, der die Wirkungen des Flächenbombardements deutscher Städte mit der Akribie eines Historikers und der Sprachgewalt eines Schriftstellers nachzeichnet, hat mit seinem Buch sowohl in Deutschland wie in England heftige Kontroversen ausgelöst. Den Büchern der Genannten folgten alsbald Dokumentationsserien in den großen Zeitungen und den Fernsehanstalten des Landes, die andere Aspekte desselben Themas ausleuchteten: etwa das Schicksal der Vertriebenen aus den ehemaligen deutschen Ostgebieten. Wer dem sprunghaften Anschwellen dieser Flutwelle von Artikeln und Serien folgt, kann sich des Eindrucks nicht erwehren, einer kollektiven Anamnese beizuwohnen. Es ist, als würden sich die Deutschen mehr als fünfzig Jahre später eine Vernichtungserfahrung vergegenwärtigen, die bisher im geschriebenen Gedächtnis der Nation kaum Spuren hinterlassen hatte.

Um ein erstaunliches Ergebnis gleich vorwegzunehmen: Die Befürchtung der Grenzwächter der «historical correctness», die Beschäftigung der Deutschen mit ihren eigenen Leiden während des 2. Weltkriegs sei obszön und werde unweigerlich zur Relativierung der deutschen Verbrechen missbraucht werden, hat sich bisher nicht erfüllt. Weder bei Sebald, noch bei Grass lassen sich auch nur Ansätze für derartige Entlastungsversuche finden. Am ehesten lässt sich ein solcher Einwand gegen Jörg Friedrich erheben, der den historischen Kontext – wer hat angefangen, wer hat reagiert – zwar benennt, aber über der Bilderflut, mit der er die Verwüstungen der «exterminating attack» (Churchill) aus der Luft nachzeichnet, fast vergessen lässt. Auch über Friedrichs Urteil kann und muss gestritten werden: Das «strategic bombing» deutscher Städte, das etwa einer halben Million

Zivilpersonen das Leben kostete, habe die Alliierten dem Sieg über den Nazi-Faschismus nicht erkennbar näher gebracht und sei moralisch nicht zu rechtfertigen. Aber wer Jörg Friedrich deswegen gleich als Geschichtsrevisionisten abstempelt, macht es sich zu leicht und weicht der Frage aus, die dessen Buch einkreist: Ist ein Kriegsverbrechen dann legitimiert, wenn es die Antwort auf einen faschistischen Angreifer ist, der die Logik der Vernichtung mit allen erdenklichen und unausdenklichen Kriegsverbrechen erst in Gang gesetzt hat?

Aber kehren wir zum wichtigsten Text der nachholenden Geschichtsschreibung zurück, zu Sebalds Essay. Um die Dimension des Verschweigens und Vergessens deutlich zu machen, sieht Sebald sich gezwungen, das ganze Ausmaß der erlebten und verdrängten Schrecken der deutschen Zivilbevölkerung nachzuzeichnen. Dabei hält er sich nicht lange mit den in den Geschichtsbüchern verzeichneten Zahlenangaben über die Bombenabwürfe, die Trümmerberge und die Toten und Verletzten auf. Er verwendet auch nicht viel Mühe auf die Fragen der militärischen und moralischen Rechtfertigung des «area bombing». Die Stärke seiner Darstellung besteht gerade darin, dass er sich ganz auf den Ablauf und Vollzug der Katastrophe konzentriert – auf die unmittelbare Erfahrung derer, die sie tötete, und derer, die sie überlebten. Durch diese Einengung auf die Perspektive vieler, je einzelner Augenpaare gewinnt der große Brand die Wucht einer Katastrophe, vor deren Schrecken alle Fragen nach den Ursachen und militärischen Ergebnissen des «area bombing» erst einmal verstummen. Aus verstreuten Tagebüchern, Zeugenaussagen, Zeitungsnotizen, aus Fetzen von Berichten und Prosatexten setzt Sebald eine große Erzählung über die Feuerstürme zusammen, die in den letzten Kriegsjahren durch die deutschen Städte tobten. So etwa über die Folgen der Operation «Gomorrha» – des Angriffs auf die Stadt Hamburg im Hochsommer 1943, dessen Ziel die «möglichst vollständige Vernichtung und Einäscherung der Stadt» war. «Überall lagen grauenvoll entstellte Leiber. Auf manchen flackerten noch die bläulichen Phosphorflämmchen, andere waren braun oder purpurfarben gebraten und zusammengeschnurrt auf ein Drittel ihrer natürlichen Größe. Gekrümmt lagen sie in den Lachen ihres eigenen, teilweise schon erkalteten Fetts. … In der Todeszone wurden … Menschen gefunden, die überwältigt von Monoxydgas, noch an Tischen oder gegen die Wand gelehnt saßen, anderwärts klumpenweise Fleisch und Knochen oder ganze Körperberge gesotten von dem siedenden Wasser, das aus geborstenen Heizkesseln geschossen war. Wieder andere waren in der … Glut so verkohlt und zu Asche geworden, dass man die Überreste mehrköpfiger Familien in einem einzigen Waschkorb davontragen konnte.» Die Apologeten eines «gerechten Krieges» werden Sebalds Essay kaum lesen können, ohne darüber nachzudenken, ob das Adjektiv in diesem euphemistischen Ausdruck nicht besser durch «gerechtfertigt» zu ersetzen wäre.

Was nun Sebalds Ausgangspunkt angeht, nämlich die Frage nach dem Vergessen und Verschweigen dieses Traumas in der Literatur, kommt Sebald zu einem eindeutigen Befund. Die Quelle der psychischen Energie der deutschen Nachkriegsgesellschaft, so erklärt er, bestand «in dem von allen gehüteten Geheimnis der in die Grundfesten unseres Staatswesens eingemauerten Leichen …, ein Geheimnis, das die Deutschen nach dem Krieg fester aneinander band und heute noch bindet, als jede positive Zielsetzung, im Sinne etwa der Verwirklichung von Demokratie, es jemals vermochte». Es ist offensichtlich, dass Sebald die politischen Ängste der Nachkriegsautoren vor einem «deutschen Opfermythos» nicht gelten lässt. Er wirft ihnen rundheraus «Versagen und Selbstzensur» vor. «Der wahre Zustand der materiellen und moralischen Vernichtung, in welchem das ganze Land sich befand, durfte aufgrund einer stillschweigend eingegangenen und für alle gleichermaßen gültigen Vereinbarung nicht beschrieben werden.»

An dieser Stelle nehme ich Sebalds Fragestellung wieder auf und gebe sie an mich, an meine Generation und auch an Sebald weiter: Warum haben wir die Leiden der Zivilbevölkerung so lange aus unserem Geschichtsbild ausgeblendet, warum hat Sebald selber so lang gebraucht, um sein Buch zu schreiben?

Wie Sebald gehöre ich einer Generation an, die 1968 mit ihrer Rebellion der Nazi-Generation den Krieg ansagte. Radikaler als die kritischen Geister der Grass-Generation haben die 68er alle Geschichten über Deutsche, die nicht ins Bild der «Täter-Generation» passten, aus ihrem Geschichtsbild ausgeblendet. 68 – das war in Deutschland die Zeit des Schuldigsprechens. Es war der rabiate Versuch der Nachgeborenen, sich aus der Verstrickung mit der «Täter-Generation» zu lösen und sich durch die Identifikation mit den Opfern des Nazi-Faschismus ihre Unschuld zu erobern. Deutsche aus der «Täter-Generation», die Opfer wurden, Deutsche, die gar zivilen Mut bewiesen und Juden gerettet hatten, störten die Wucht der Anklage. Soweit ich mich erinnern kann, haben wir über das Schicksal der Vertriebenen kein Wort verloren; sie wurden mit den in der Tat revanchistischen Sprechern der Vertriebenenverbände identifiziert. Das gleiche Benennungsverbot betraf die Zivilisten, die in den deutschen Städten verbrannten; es betraf die von Stalin umgesiedelten Russland-Deutschen, die nach Kriegsende im KZ Sachsenhausen oft willkürlich Internierten; die nach Sibirien verschleppten Gegner der Zwangsvereinigung von SPD und SED; die Opfer der Massenvergewaltigungen während und nach der Eroberung Berlins. Als die erste deutsche Feministin Helke Sander Jahre später dieses Thema zum Sujet eines Films machte, musste sie sich «Revisionistin» beschimpfen lassen.

So absurd diese Vermeidungen heute erscheinen, ich meine nach wie vor, dass es für diese, eher unbewusst eingehaltene Liste von verbotenen Themen starke Gründe gab. Es war zu viel verlangt, gleichzeitig die Schweigestarre der Nazi-Generation aufzubrechen und das Schicksal der deutschen Zivilbevölkerung oder der Vertriebenen in den Blick zu nehmen. Wer behauptet, die eine Debatte hätte der anderen nichts anhaben können, kennt das Deutschland jener Jahre nicht.

Die Kosten dieser einseitigen Geschichtsschreibung und ihrer Auslassungen waren allerdings schon damals sichtbar. Es hat unter den Aktivisten jener Jahre selbstverständlich viele Söhne und Töchter von Überlebenden und Zeugen der alliierten Flächenbombardements und der Vertriebenen gegeben. Ich kann mich nicht erinnern, dass einer oder eine von ihnen je vom Schicksal der Eltern gesprochen hätte. Nicht dass es ein explizites Verbot gegeben hätte; irgendwie gehörte es sich nicht, über Biographisches zu sprechen. Verblüffender noch erscheint mir im Rückblick, dass der gleiche Vermeidungsvorgang auch die Abkömmlinge von Nazi-Tätern betraf – «Genossinnen» und «Genossen», die Kinder von Nazi-Richtern, Nazi-Unternehmern, Nazi-Offizieren oder KZ-Schergen waren. Die Devise, dass alles Private politisch sei – hier galt sie plötzlich nicht mehr. Die «privaten» bzw. familiären Erfahrungen und Konflikte dieser Söhne und Töchter spielten in den endlosen Diskussionen der Wohngemeinschaften keine Rolle. In der Regel kamen sie erst ans Licht, als die Wohngemeinschaften, Projektgruppen und Parteien auseinander gefallen waren. Erst in den achtziger Jahren habe ich solche Geschichten erfahren, deren Erzähler sich nachträglich die Augen rieben und sich fragten, warum sie von der Herkunft des «Genossen» X oder Y erst erfuhren, nachdem alles auseinander geflogen war.

Die Faschismus-Theorie der Studentenbewegung lieferte dieser Schonhaltung die theoretischen Vorwände. In deren Sicht erklärte sich der Faschismus – in Anlehnung an einen, von ihm selbst längst verworfenen Merksatz Max Horkheimers – aus einer politökonomischen Struktur: «Kapitalismus führt zum Faschismus. Kapitalismus muss weg!» Mit Hilfe der Adjektiv-Variante «faschistoid» verkürzte sich der Faschismusvorwurf zu einem Pauschalverdacht, der alles mit allem vergleichbar machte: knüppelnde Polizisten mit SS-Schergen, die Lager in Chile mit deutschen KZ, die Richter in Stammheim mit dem Volksgerichtshof etc. Längst bevor Helmut Kohl mit seinen haarsträubenden Goebbels- und KZ-Vergleichen um sich warf, haben die Nachkriegskinder den Begriff des Nazi-Faschismus entmaterialisiert, wobei sie ihrerseits auf einen entsprechenden Missbrauch durch ehemalige NPD-Genossen wie Kiesinger, Filbinger, Carstens reagierten, die es in der deutschen Nachkriegsrepublik zu höchsten Würden gebracht hatten: Für die waren demonstrierende Studenten die «neuen Nazis». Unter dem Strich bleibt: In den wilden Jahren der Republik wurde der Begriff «Faschismus» auf beiden Seiten der Barrikade hauptsächlich zur Denunziation aktueller politischer Feinde verwandt, vergleichsweise selten zur Auseinandersetzung mit der Epoche, die er bezeichnet.

Die Neigung zum pauschalen Schuldigsprechen ist zweifellos durch den Umstand begünstigt worden, dass der Nazi-Faschismus und der 2. Weltkrieg für die 68er – und erst recht für ihre jüngeren

Nachzügler in den Feuilletons – nicht mehr Teil der erlebten Geschichte war. Schon der Versuch, einzelne Lebenswege aus dem Grauin-grau der «Täter-Generation» herauszulösen, galt als verdächtig. Die Folge der Entmaterialisierung des Faschismusvorwurfs war eine Hysterisierung der Debatte. Es bildete sich eine Kultur des Verdächtigens und des Überführens heraus, eine Art linkes Denunziationswesen. Wer immer einen anderen als Verharmloser der Naziverbrechen denunzierte, schien damit sein überlegenes antifaschistisches Bewusstsein zu beweisen und hatte einen momentanen Vorsprung im Wettlauf um die Unschuld erlaufen. Es war, als suchten wir, die Täter-Kinder und -Enkel, das Ungeheuer der deutschen Schuld zu befrieden, indem wir ihm täglich frische Schuldige aus den eigenen Reihen zuführten.

Bei aller Bewunderung für Sebalds Essay, sein Urteil über die Schriftsteller und Historiker der deutschen Nachkriegsgesellschaft erscheint mir zu kurz. Es ist, als habe Sebald zu seinem riskanten Unternehmen, die Deutschen auch als Opfer des von ihnen entfesselten Weltkriegs zu zeigen, nur den Mut gefunden, indem er seinen Essay als Tabubruch inszeniert und die Generation der Autoren, die das Thema aus guten Gründen vermieden haben, einer gewaltigen Verdrängung bezichtigt. Zweifellos gibt es weniger spektakuläre Frageansätze, die Sebald jedoch nicht diskutiert: Lässt sich das Thema überhaupt in Romanform fassen? Wo ist der große englische Roman über die Bombardierung Coventrys oder Londons? Warum hat Sebald selber die Form des Essays vorgezogen und diesen Essay erst so spät verfasst?

Vielleicht ist es erst jetzt, nach dem Innewerden des Ungeheuerlichen, das die Deutschen anderen Völkern angetan hatten, möglich, sich zu vergegenwärtigen, in welchem Maße sie selbst das Opfer der von ihnen entfesselten Vernichtung wurden. Dass dies jetzt geschieht, halte ich für einen Gewinn. Denn es zeigt sich, dass die nachholende Vergegenwärtigung der selbst erlittenen und selbstverschuldeten Leiden bei den Kindern und Enkeln der Tätergeneration keineswegs Rache- und Revisionismusgelüste weckt. Sie schärft den Blick und die Empathie für die Vernichtungen, die die Nazi-Deutschen über andere Völker gebracht haben.

Ralph Giordano

Ein Volk von Opfern?

Ein Thema macht derzeit Furore: der anglo-amerikanische Luftkrieg gegen Hitlerdeutschland. Keine Mißverständnisse: Es gibt nichts dagegen einzuwenden, auch diese Seite des Zweiten Weltkrieges zu erforschen. Nur kommt es auf die Einordnung in das Gesamtinferno an. Und da gibt es Anlaß zur Sorge.

Voran: Ich habe alle Höllen des Luftkrieges erlebt, von der Bedrohung durch Verbrennen und Ersticken bis zur Verschüttung und Ausbombung, und habe zudem als Zwangsarbeiter in Hamburg Leichenreste aus verkohlten Trümmern bergen müssen. Ich erlaube deshalb keinerlei Zweifel an meiner Anteilnahme am Schicksal dieser Toten – sie ist selbstverständlich. Ebenso selbstverständlich jedoch war und ist für mich dies: «Die da oben» waren Teile meiner Befreier! Auch inmitten von Dynamit und Phosphor schwankte ich keine Sekunde: Erstverantwortlich für jeden Zivil- und Militärtoten des Zweiten Weltkrieges sind diejenigen, die ihn geplant und ausgelöst hatten: Hitler und seine Anhänger! Also auch für die halbe Million deutscher Lufttoter. Diese Verantwortlichkeit, ihre Kausalität und ihre Chronologie, müssen die Grundlage jeder Diskussion bleiben.

In dem Buch geschieht das eher am Rande. Was darin in Form einer Anklage posthum eingefordert wird, ist die Humanisierung des Krieges, und zwar einseitig gerichtet an das westalliierte «Bomber Command»: Schonung der Zivilbevölkerung beim Luftkrieg. Dazu werden immer wieder die etwa fünfundsiebzigtausend umgekommenen Kinder angeführt. Richtig, sie waren unschuldig, wie Kinder immer unschuldig sind. So unschuldig wie die anderthalb Millionen im Gas erstickten jüdischen Kinder – schreibe ich hier nieder, und schrecke doch schaudernd davor zurück. Denn tappe ich damit nicht genau in die Falle jener entseelten Totenarithmetik, die der Hinweis auf die schuldlosen Kleinen geradezu heraufbeschwört?

Was ich als eigentliche Unzulässigkeit des Buches meines langjährigen und über jeden Verdacht der Aufrechnung erhabenen Freundes Jörg Friedrich empfinde, ist die absichtsvolle Herausgehobenheit des «Bomber Command» aus dem fürchterlichen Gesamtgeschehen. Ging es doch auf allen Schauplätzen dieses deutschen Angriffs auf Europa, auf die Welt und die Menschheit genauso grausam zu, mit den gleichen Tötungsdetails, die die deutschen Städte durch den Luftkrieg auflisten können – nur in den ungleich größeren Dimensionen des Bodenkrieges. Was Hamburg, Köln, Pforzheim, Würzburg oder Dresden im Großen widerfuhr, das erlitten siebzehntausend durch Artillerie, Panzer, Granaten oder Flammenwerfer zerstörte Ortschaften allein in der deutsch besetzten Sowjetunion. «Der Brand» suggeriert eine kriegshistorische Einmaligkeit, die es nicht gegeben hat.

Ich rede hier weder vorsätzlicher Tötung von Zivilisten das Wort noch ignoriere ich die kritischen Stimmen aus dem Lager der ehemaligen Alliierten. Der «Irrtum» des «Bomber Command» war im buchstäblichen wie im übertragenen Sinne mörderisch: nämlich zu glauben, die Deutschen in einen Aufstand gegen Hitler bomben zu können. Falsch! Denn mit ihnen, oder doch ihrer Mehrheit, konnte Hitler machen, was er wollte, und das, wie die Geschichte ausweist, bis zum letzten Mann. «Der Brand» bestätigt das am Beispiel der Selbstjustiz an gefangenen Piloten: «Vor lauter Vergeltungswut gegen die Luftterroristen blieb keine Wut gegen die Ohnmachtsregierung.» Was aber kann «Ohnmachtsregierung» hier anderes bedeuten, als einen «Führer», der spätestens seit dem Eintausend-Bomber-Angriff gegen Köln im Frühjahr 1942 genau wußte, daß es keinerlei wirksame Abwehr gegen die ungeheure anglo-amerikanische Luftüberlegenheit gab, und der dennoch Stadt um Stadt zerstören ließ? Auch das kann eine, wenngleich hierzulande offenbar selten genug gedachte Interpretation des Luftkrieges sein.

Bleibt die Frage: Bedient das Buch und seine Rezeption durch die

Öffentlichkeit die Rolle, in der nur allzu viele Deutsche sich am wohlsten fühlen: die des Opfers? Wird die Quintessenz von Lektüre und Diskussion schließlich doch wieder auf nichts anderes herauslaufen, als daß der wahrhaft Böse eben «Bomber Harris» heißt und nicht Adolf Hitler? Oder obsiegt nach einem halben Jahrhundert demokratischer Sozialisation heute endlich eine Generation, die zwar über die deutschen Opfer des Luftkrieges trauert wie auch über die von Flucht und Vertreibung, ohne darüber die Aggressoren aus ihrer Verantwortung zu entlassen?

Jörg Friedrich hat sich mit bestechenden Standardwerken über die NS-Geschichte ausgewiesen als ein Historiker von hohen Graden. Wir sind uns nicht umsonst nahegekommen. Nun allerdings überschreitet er in Anklägerpose beunruhigenderweise dort eine Linie, wo er, wie auch der bekannte Bielefelder Zeitgeschichtler Hans-Ulrich Wehler moniert, Bomberflotten mit «Einsatzgruppen», brennende Luftschutzkeller mit «Krematorien» und die Toten des Luftkrieges mit «Ausgerotteten» vergleicht.

Da hat der Freund meine Schmerzgrenze überschritten.

Im übrigen unterschlägt er keineswegs die hohen Opfer, die der Luftkrieg gegen Hitlerdeutschland vom Personal des «Bomber Command» forderte – etwa fünfundfünfzigtausend, das heißt, die Hälfte der anglo-amerikanischen Piloten und Mannschaftsmitglieder der «fliegenden Festungen» ließ ihr Leben dabei. Es wäre gut gewesen, dieser Seite mehr Platz einzuräumen.

Und noch ein Notabene, ohne das ich nicht enden will: Am Morgen nach der Nacht, die Dresdens Untergang brachte, also am 14. Februar 1945, ging aus Hamburg der letzte Transport von Juden nach Theresienstadt ab: Das Ende des «Dritten Reiches» stand auf der Welttagesordnung, alles ging hier drunter und drüber – nur Eichmanns Deportationsmaschine funktionierte noch.

Daß zwischen den beiden Ereignissen unterschiedlicher Schrecklichkeiten eine kausale Verbindung besteht, werde ich mir gerade angesichts einer immer deutlicheren Sehnsucht nach dem «Schlußstrich» nicht ausreden lassen.

Britische Reaktionen

Correlli Barnett

Die Bombardierung Deutschlands war kein Kriegsverbrechen

Zu viele unserer Politiker und Historiker lieben es, rückblickend über das zu moralisieren, was sie für Großbritanniens Missetaten oder Fehler der Vergangenheit halten, und erwarten von uns eine Entschuldigung, wenn unsere Vorfahren sich nicht durch «politisch korrektes» Verhalten ausgezeichnet haben.

So kommt es zu derartigen Unsinnigkeiten, dass sich unser derzeitiger Premierminister für die irische Hungersnot in den 1840er Jahren entschuldigt oder unser derzeitiger Außenminister für den Fehler des britischen Empires, seinen Kolonien Wohlstand, eine anständige Regierung und die Autorität des Gesetzes gebracht zu haben.

Da man im Nachhinein immer schlauer ist, argumentieren unbedachte Historiker, Großbritannien hätte sich aus dem Ersten Weltkrieg heraushalten und ein militaristisches kaiserliches Deutschland akzeptieren oder gar später einen Friedenskompromiss mit Hitler schließen sollen.

Nun hat sich ein deutscher Historiker, Jörg Friedrich, diesem gefährlichen Pack von Revisionisten angeschlossen, die Großbritannien und den Briten einen historischen Dolch in den Rücken stoßen wollen.

In Friedrichs neuem Buch, *Der Brand – Deutschland im Bombenkrieg 1940–1945*, wird Winston Churchill beschuldigt, ein Kriegsverbrecher zu sein, da er als Premierminister während des Zweiten Weltkriegs voll und ganz hinter der Strategie der Flächenbombardements von deutschen Städten stand, welche unweigerlich schwere Verluste unter der Zivilbevölkerung nach sich zogen.

Die Verluste beliefen sich Friedrich zufolge schlussendlich auf 635 000 Tote.

Weiterhin behauptet Friedrich, dass etwa zwanzig Jahre bevor Adolf Hitler 1940 die Luftwaffe auf britische Städte losschickte, Churchill in krassem Widerspruch zur Haager Konvention erwogen hatte, einen Krieg zu führen und auch zu gewinnen, indem die feindliche Bevölkerung bombardiert wird.

Friedrichs Buch ist umso gefährlicher, als es in Deutschlands Massenblatt *Bild* – der europäischen Tageszeitung mit der höchsten Auflage – als Serie abgedruckt wird und seine Argumente nur den Streit um die jeweilige Kriegsführung der Alliierten und der Nazis neu entfachen können.

Am schlimmsten aber ist, dass dieses Buch versucht, Churchills Billigung des Flächenbombardements moralisch gleichzusetzen mit den unaussprechlichen Gräueltaten, derentwegen die Nazi-Anführer bei den Nürnberger Prozessen vor Gericht standen und verurteilt wurden. Dies kann im heutigen europäischen Kontext nur großen Schaden anrichten.

Indem er Churchill anschwärzt – und dadurch automatisch Hitlers eigene Kriegsführung rechtfertigt –, dient Friedrichs historische Travestie zur Ermutigung der extremen Rechten in der gegenwärtigen deutschen Politik – und der englischsprachigen Neonazi-Sympathisanten ebenfalls.

Zugleich erweist er der Demokratie im heutigen Deutschland einen Bärendienst, da dessen europäische Partner nämlich einmal mehr an die entsetzlichen Kriegsverbrechen erinnert werden, die von Deutschen unter dem Naziregime, aber auch im Ersten Weltkrieg unter Kaiser Wilhelm II. begangen wurden.

Friedrichs Buch ist nichts anderes als ein historisches Zerrbild. Zunächst einmal war es Deutschland, das im Ersten Weltkrieg mit dem Bombardement von Zivilisten begann – erst mit den Zeppelinangriffen von 1914 bis 1916, dann mit den Gotha-Langstreckenbombern in den Jahren 1917 bis 1918.

Der Schaden, der London und den Londonern dadurch zugefügt wurde, war so groß, dass bereits 1918 die Royal Air Force als eigene Abteilung gegründet wurde, und zwar aus der Überlegung heraus, dass die Zerstörung der feindlichen Kriegsmaschinerie – und -moral – durch die Bomber langwierige und kostspielige Offensiven zu Lande überflüssig machen würde.

Jedenfalls waren die britischen Flieger der zwanziger und dreißiger Jahre nicht die Einzigen, die an die Zukunft dieser Art der Kriegsführung glaubten – der Amerikaner Billy Mitchell war ein weiterer Nachkriegsprophet, desgleichen der italienische General, Giulio Douhet, der 1921 eine äußerst einflussreiche Abhandlung veröffentlichte, *The Command Of The Air*.

Keineswegs ist das Konzept strategischer Bombardements eine Erfindung Churchills, wie Friedrich uns glauben machen will, es war vielmehr gang und gäbe unter den Militärstrategen der Zwischenkriegszeit – und dies umso mehr, als es bis zur Erfindung des Radars, das Jagdflugzeugen ermöglichte, Bomber aufzuspüren, kein anderes Gegenmittel gegen die gefürchteten Schlächtereien des Feindes gab, als wiederum noch mehr seiner eigenen Leute zu töten oder damit zu drohen.

Auf den allerersten Bildern des Zweiten Weltkriegs in britischen Wochenschauen, Zeitungen und Zeitschriften war zu sehen, wie die Luftwaffe bei Hitlers grundlosem Angriff auf Polen, der zum Ausbruch des Zweiten Weltkriegs führte, polnische Flüchtlinge – alte Leute, Frauen und Kinder – auf den Straßen vorsätzlich bombardierte und mit Maschinengewehren niederschoss.

Auf diese Szenen folgte bald die vorsätzliche Zerstörung Warschaus. Währenddessen und den ganzen Winter 1939/40 über warfen die Bomber der Royal Air Force nichts Gefährlicheres als Flugblätter über Deutschland ab.

Schließlich kam es im Mai 1940 zum vorsätzlichen Überfall der Luftwaffe auf Rotterdam, und auf belgischen und französischen Straßen wiederholte sich das grausame Bombardement von hilflosen Flüchtlingen.

Man kann es daher nur als hanebüchen bezeichnen, wenn Friedrich ein moralisches Gleichgewicht herzustellen sucht zwischen

Deutschland, das in zwei Weltkriegen mit dem Angriff auf Städte und Zivilisten begonnen hat, und Churchills späterem Rückgriff auf strategische Bombardements, das einzige Mittel, um das grausamste Regime der Gegenwart zu besiegen.

Friedrich scheint zu vergessen, dass zwei Jahre, bevor das Bomber Command seine Hauptkampagne gegen Nazideutschland begann, Hitler und Göring die Luftwaffe bereits britische Städte Tag und Nacht bombardieren ließen.

Ich habe selbst als Schüler in South London den Winter 1940 über zusammen mit meiner Familie dem Dröhnen der deutschen Bomber und der Explosion von Bomben in unmittelbarer Nähe gelauscht, habe gespürt, wie das Haus erzitterte, habe tote und verwundete Nachbarn in unserer Straße gesehen, die aus ihren verwüsteten Eigenheimen herausgetragen wurden, und ich habe den riesigen roten Feuerschein über London erblickt, als das East End und die City in Flammen standen.

Völlig zu Recht bemerkte Sir Arthur Harris, der spätere Oberbefehlshaber des Bomber Command, als er die Flammen rings um die wunderbarerweise unversehrte Kuppel von St. Paul's brennen sah, zu einem Kollegen: «Sie säen Sturm, doch sie werden einen Wirbelsturm ernten.» Warum haben sich Churchill, sein Kriegskabinett und seine Militärstäbe erstmals auf strategisches Bombardement deutscher Städte verlegt?

Es war sicherlich nicht nur der Wunsch nach Rache, der dazu führte, deutsche Männer, Frauen und Kinder auf die gleiche Weise zu töten, wie sie die deutschen Streitkräfte zur selben Zeit kaltblütig im besetzten Osteuropa en masse umbrachten.

Es war eine kühle, vorsätzliche Entscheidung – doch in keinster Weise mit der infamen Wannseekonferenz von 1942 zu vergleichen, bei der die SS-Anführer beschlossen, die gesamte jüdische Bevölkerung des Kontinents zu vergasen und einzuäschern.

Nein, es war ein Beschluss, der aus strategischen Gründen gefasst wurde, welche unter Berücksichtigung der damaligen Zeitumstände vernünftig und ehrlich waren.

1940/41 war Churchill und seinen Beratern klar geworden, dass Deutschland nur durch das Bomber Command der Royal Air Force direkt angegriffen werden konnte. Die britische Armee war nicht stark genug – und würde es auch nie sein –, um in Hitlers Europa einzufallen und die Wehrmacht an der neuen Westfront zu besiegen.

Auch als im Dezember 1941 Pearl Harbor zum Kriegseintritt der Amerikaner führte, dauerte es noch Jahre, bis die Alliierten zu einer Invasion in der Lage waren. In der Zwischenzeit bekam die Rote Armee der Sowjetunion die volle Wucht des gewaltsamen Vordringens der Deutschen zu spüren.

Es bestand also die zwingende Notwendigkeit, eine große Bomberflotte aufzubauen und dann auch einzusetzen.

Was aber führte zum Angriff der deutschen Städte, den Friedrich als so anstößig empfindet?

Erneut liegt der Grund dafür nicht in dem blinden Hass, den der «Blitz», der Luftangriff auf London, 1940 ausgelöst hatte, obwohl es sicher stimmt, dass die Briten damals – vielleicht mit Ausnahme des einen oder anderen Bischofs – erfreut waren, dass nun zur Abwechslung der Feind dran glauben musste.

Es gibt hier keine moralische Entsprechung zu dem unglaublichen Rassenhass, der zum grundlosen Mord an sechs Millionen Menschen in Auschwitz, Treblinka und anderen Todeslagern führte. Es waren schlichtweg strategische und technische Faktoren, die zum Einsatz des Flächenbombardements führten.

Vor dem Krieg hatte die Royal Air Force Präzisionsbombardements geplant, und zwar bei Tageslicht. Im Verlauf des Krieges erwies sich beides als nicht durchführbar, da die vorhandenen Navigationssysteme nicht genügend ausgereift waren und Bomber leicht zum Ziel von Jagdflugzeugen werden konnten.

Also blieb kein anderer Ausweg als nächtliche Bombardements auf größere Flächen.

Sicher, hinter der großen Bombenoffensive von 1942 bis 1944 stand die Überlegung, dass die Zerstörung wichtiger Industrieanlagen – wie etwa Krupp in Essen – einschließlich der Wohnhäuser der Arbeiter (und ihrer Bewohner) Deutschlands Munitionsfabriken und damit zugleich die Fähigkeit, Krieg zu führen, ganz empfindlich schwächen würde.

Dennoch war dieses Motiv ein strategisches und nicht, wie Friedrich uns weismachen machen möchte, ein kriminelles. Und obwohl die Angriffe des Bomber Command nicht zum unmittelbaren Kriegsgewinn führten, wie Sir Arthur Harris gehofft hatte, steht außer Frage, dass sie die deutsche Kriegsindustrie davon abhielten, noch größere Ausmaße anzunehmen als bislang.

Die Memoiren Albert Speers, des Reichsministers für Bewaffnung und Munition, zeigen deutlich, wie viel Arbeitskraft und Material vonnöten waren, um die Bombenschäden auszubessern.

Die Luftabwehr des Deutschen Reichs gegen britische, später auch amerikanische Bomber hatte sich zu einer Art zweiter Front ausgeweitet, so massiv war der deutsche Einsatz von Jagdflugzeugen, Flaks und Belegschaft.

Irgendwie passt es ins Bild, dass der berüchtigste Angriff des Bomber Command überhaupt, nämlich im Februar 1945 auf Dresden, der 35 000 Menschenleben kostete, genau vierzehn Tage nach dem Bekanntwerden des gesamten Ausmaßes der Nazigräuel in den Vernichtungslagern erfolgte, als die vordringende Rote Armee diese befreit hatte.

Es kann keinen Vergleich geben zwischen der rein strategischen Entscheidung, Dresden zu bombardieren – ein überaus wichtiger Verkehrsknotenpunkt im Rücken der die Rote Armee bekämpfenden deutschen Divisionen –, und dem von den Nazis planmäßig organisierten Mord an Millionen Unschuldiger.

Friedrich will seine Landsleute – und uns – zu dem Irrglauben verleiten, es gebe eine moralische Gleichwertigkeit zwischen der deutschen und der britischen Führung im Zweiten Weltkrieg.

Es existiert keine derartige Gleichwertigkeit, denn während Adolf Hitler bis ins Mark ein bösartiger Tyrann war, versuchte Winston Churchill, ihn und sein Regime mit allen verfügbaren Mitteln zu zerstören und so die Nationen Europas aus seiner Sklaverei zu befreien.

Friedrich geht also mit einem bösartigen, gefährlichen Unfug hausieren.

Möge dies in Deutschland und anderswo erkannt werden.

The Times

Briten «bombardierten gezielt die Zivilbevölkerung»

Die Briten haben während des Krieges gezielt deutsche Zivilisten bombardiert und Städte, Schulen und Kirchen in Brand gesetzt – dies behauptet ein neues Buch, das ein fünfzigjähriges Tabu bricht.

«Schreckliche Barbareien wurden begangen, aber niemand konnte darüber sprechen», meint Jörg Friedrich, der Autor von «Der Brand». «Wie konnten wir diese Themen ansprechen im Angesicht des von deutschen begangenen Verbrechens der Konzentrationslager? Wie konnten wir mit dem Finger auf Briten und Amerikaner zeigen, die uns ernährten und Demokratie beibrachten?»

Das Buch, das im Massenblatt «Bild» als Serie abgedruckt und in Fernsehinterviews bekannt gemacht wurde, hat dieses Schweigen jetzt gebrochen. Britischen Historikern, die im Fall von Luftmarschall Sir Arthur Harris schon seit langem das Für und Wider abwägen, sind Friedrichs Argumente vertraut. Aber in Deutschland konzentrierte die Diskussion sich bisher nahezu ausschließlich auf die Bombardierung Dresdens – einer weitgehend nichtmilitärischen Stadt, die für ihre Architektur berühmt war und im Februar 1945, zu einem Zeitpunkt, als der Krieg fast vorbei war, verwüstet wurde. Dr. Friedrich erklärt, Dresden sei kein isolierter Fall von Fehleinschätzung gewesen, sondern die letzte Handlung in einem zum großen Teil nicht dokumentierten Vernichtungskrieg gegen deutsche Zivilisten. Dr. Friedrich, der mehrere Bücher über die Aggression der Nationalsozialisten veröffentlicht hat, ging in den Archiven von 70 Städten auf die Suche, um das Leid zu rekonstruieren, das die Bombenangriffe der Alliierten der Zivilbevölkerung zufügten. Mehr als eine Million Tonnen Sprengstoff wurden während des Krieges über 1000 deutschen Städten und Dörfern abgeworfen. 635 000 Menschen kamen dabei ums Leben, die meisten verbrannten oder erstickten an giftigen Dämpfen. Friedrich interviewte Überlebende, die die Leichen einsammeln mussten, die in den Flammen zusammengeschrumpft waren. «Die verkohlten Körper maßen noch etwa fünfzig Zentimeter», berichtete Heinrich Biergann aus Wuppertal, der bei Kriegsende 16 Jahre alt war. «Wir bargen sie in Zinkbadewannen und Waschkesseln. In einen Kessel passten drei, in eine Wanne sieben oder acht Körper.» Allein die Anhäufung von Einzelheiten hat deutsche Leser schockiert. Die Geschichten erscheinen, nachdem kürzlich bekannt wurde, dass eine enorm große Zahl deutscher Frauen von Soldaten der Sowjetarmee vergewaltigt wurde, und nach der Veröffentlichung eines neuen Romans von Günter Grass, in dem es um die Bombardierung des deutschen Flüchtlingsschiffes Wilhelm Gustloff kurz vor Kriegsende geht. Die Deutschen, denen ihr Kanzler Gerhard Schröder gesagt hat, sie seien wieder ein «normales Land», frei von den Fesseln der Vergangenheit, sehen sich zunehmend selbst als Opfer des Krieges. Bisher wagten nur Publikationen der extremen Rechten, die von der normalen Bevölkerung gemieden werden, solche Behauptungen aufzustellen. Bürger, die direkt betroffen waren, sprachen selten über das Thema. Im Geschichtsunterricht an den Schulen wurden die Bombenangriffe der Alliierten kaum erwähnt, und es wurden, wie der verstorbene deutsche Wissenschaftler W. G. Sebald in einem ersten Versuch, das Schweigen zu brechen, anmerkte, auch keine deutschen Romane veröffentlicht, die dieses Thema zum Inhalt hatten. Professor Sebalds Forschungen warfen Licht auf einige der grauenhaften Ereignisse, so zum Beispiel, dass Frauen nach einem Bombenangriff monatelang ihre toten Babys in Koffern mit sich herumtrugen. Romane über diese Tragödien erscheinen erst jetzt. In dieser Woche wird Dieter Fortes Buch *Schweigen oder sprechen* veröffentlicht, in dem der Autor seine eigenen Erinnerungen an die Bombardierung Düsseldorfs aufgezeichnet hat. «Das Wasser, mit dem die Feuerwehr löschte, wird durch Brände solchen Ausmaßes zum Kochen gebracht», entsinnt Forte sich, «also fanden sie in den Kellern, wo das Wasser sich sammelte, aufgebrühte Körper, Menschen, die bei lebendigem Leibe gekocht worden waren. Deshalb hat die Feuerwehr manchmal nicht einmal mehr gelöscht, sondern hat einfach alles brennen lassen. Für ein Kind war das schrecklich, denn das Kind glaubt an die Feuerwehr, und die Feuerwehrleute saßen da, schauten in die Flammen und konnten nichts tun.» Doch die dokumentarischen Forschungen von Dr. Friedrich haben gegenwärtig die größte Wirkung. Briten und Amerikaner, stellt Friedrich fest, suchten sich die historischen Zentren von 161 Städten wie Köln, Nürnberg und Hannover als Ziele aus, wohl wissend, dass die Fachwerkhäuser schnell brennen würden. Militärische Anlagen oder Industriegelände konnten sie nicht gezielt genug bombardieren, ohne abgeschossen zu werden. «Schnell wurde den Strategen der Anti-Hitler-Allianz klar, dass der Zweite Weltkrieg nicht allein durch Angriffe auf militärische Ziele gewonnen werden konnte», sagte Dr. Friedrich. «Deshalb ordnete Churchill das Flächenbombardement deutscher Städte an.«

Seine Argumente sind britischen Historikern geläufig, die sich schon lange über die Beurteilung von Luftmarschall Sir Arthur Harris gestritten haben. Die deutsche Debatte hat sich bislang fast ausschließlich mit der Bombardierung Dresdens befasst – einer Stadt nahezu ohne militärische Bedeutung, welche für ihre Bauwerke berühmt wurde, die im Februar 1945, als der Krieg fast vorbei war, in Schutt und Asche fielen. Dr. Friedrich sagte, Dresden sei kein einzelnes Versehen gewesen, sondern der letzte Akt in einem verheerenden, bislang unbeschriebenen, Krieg gegen deutsche Zivilisten.

The Daily Telegraph

Die Deutschen nennen Churchill einen Kriegsverbrecher

Winston Churchill war effektiv ein Kriegsverbrecher, der durch die willkürliche Bombardierung deutscher Ortschaften und Großstädte die Auslöschung der deutschen Zivilbevölkerung sanktionierte, behauptete gestern ein Artikel in der auflagenstärksten Zeitung des Landes. In einem beispiellosen Angriff auf das Verhalten der Alliierten im Zweiten Weltkrieg hat das Boulevardblatt «Bild» dazu aufgerufen, das Leiden anzuerkennen, das der deutschen Bevölkerung während der strategischen Luftangriffe von 1940 bis 1945 zugefügt wurde.

Die Kampagne der «Bild-Zeitung», die durch eine neue deutsche Geschichtsschreibung über die Bombenangriffe angestoßen wurde, bricht das Schweigen über dieses Thema, das praktisch sechs Jahrzehnte lang herrschte, und sie gilt als jüngster Ausdruck einer Überzeugung der Deutschen, dass auch sie Opfer des Krieges waren – auch wenn der Krieg von ihrem Land begonnen wurde. Die Zeitung bringt das Buch *Der Brand. Deutschland im Bombenkrieg 1940–1945* des Historikers Jörg Friedrich als Serienabdruck. Es gilt als die bisher zuverlässigste Darstellung der Bombenangriffe. Friedrich behauptet, dass die britische Regierung zu Beginn des Zweiten Weltkriegs beabsichtigte, so viele deutsche Städte wie möglich zu zerstören und möglichst viele ihrer Bewohner zu töten. Todesfälle in der Zivilbevölkerung waren, so schreibt Friedrich, nicht Kollateralschäden, sondern vielmehr der Zweck der Übung. Er argumentiert, Churchill habe bereits etwa 20 Jahre bevor Hitler Luftangriffe befahl, eine Strategie gutgeheißen, bei der Zentren der Zivilbevölkerung aus der Luft angegriffen werden sollten. Großbritanniens oberster Kriegsherr kommt mit einem Zitat aus dem Ersten Weltkrieg zu Wort: «Vielleicht wird es sich das nächste Mal darum handeln, Frauen und Kinder und die Zivilbevölkerung überhaupt zu töten.» Weiter zitiert Friedrich Churchill, wie er die Ethik von Bombenangriffen verteidigt: «Nun tut das praktisch jeder. Das ist einfach eine Frage der Mode – ähnlich dem Wechsel zwischen kurzen und langen Damenröcken.» *Der Brand* ist keineswegs im trockenen Stil der meisten deutschen Geschichtsbücher geschrieben, und das Buch enthält viele bewegende Berichte über die Schrecken des Bombenkrieges, nimmt aber kaum Bezug auf den Mann, der Deutschland die Vergeltungsschläge einbrachte, Adolf Hitler. Friedrich argumentiert, dass die Politik der Alliierten, die Moral der Deutschen durch Bombenangriffe zu schwächen, sich als Irrtum erwies, da die Angriffe nur dazu dienten, die deutsche Bevölkerung zusammenzuschweißen.

In Großbritannien wird die Debatte mit Sicherheit bei allen denjenigen Unmut hervorrufen, die die strategischen Luftangriffe als notwendiges Übel betrachten. Die Briten unter Führung von Sir Arthur Harris, dem Oberbefehlshaber über das Bombergeschwader, waren die führenden Befürworter von «nächtlichen Flächenbombardements», bei denen industrielle Kapazität und Wohnraum der Deutschen systematisch zerstört wurden. Diese Politik führte dazu, dass eine Stadt nach der anderen in Schutt und Asche gelegt wurde, darunter Hamburg, Köln und Dresden, und dass etwa 635 000 Deutsche ums Leben kamen. In gewissem Maße wurde die Royal Air Force zu diesem Vorgehen gezwungen, weil gezielte Bombenangriffe bei Tag zu Beginn des Krieges fehlgeschlagen waren. Außerdem trug diese Strategie der Tatsache Rechnung, dass Bombardements während langer Phasen des Konfliktes die einzige Methode waren, mit der Großbritannien Deutschland angreifen konnte. Da die Deutschen im «Blitz» 1940 bis 1941 Luftangriffe auf London geflogen hatten, fühlten die Briten sich von dem Gebot, zivile Zentren nicht anzugreifen, befreit.

Dass das Buch als Serie abgedruckt wird, wird der extremen Rechten in Deutschland Argumente an die Hand geben, um ihre revisionistischen Behauptungen zu stützen. Außerdem wird es wahrscheinlich die jüngsten Versöhnungsversuche zwischen Großbritannien und Deutschland überschatten, bei denen es um die Bombardierung Dresdens im Februar 1945 geht, die Zehntausende das Leben kostete. In einem symbolischen Freundschaftsakt haben britische Firmen in einen Fonds zum Wiederaufbau der Dresdner Frauenkirche eingezahlt, die bei dem Angriff zerstört wurde und die 2006 wieder in Stand gesetzt sein soll. Friedrich, 58, erklärt, dass seine beiden Jahre Forschung ihn bewogen haben, seine Ansichten über die Bombenangriffe der Alliierten radikal zu verändern. «Früher erschien mir die Bombardierung Deutschlands als gerechte Antwort auf die Verbrechen des Dritten Reichs. Inzwischen habe ich meine Auffassung geändert. Bis zum Zweiten Weltkrieg war es nämlich allgemeiner Konsens, dass die Massakrierung der Zivilbevölkerung rechtswidrig ist.»

Im vergangenen Jahr sind Deutsche, die sowohl dem rechten als auch dem linken Flügel angehören, in eine neue, intensive Diskussion über den Krieg und ihre Rolle als Opfer wie auch als Täter eingetreten. Die Diskussion wurde von Nobelpreisträger Günter Grass ausgelöst, der in einem Roman einen fiktiven Bericht von einem Vorfall gibt, bei dem die sowjetische Marine während des Krieges ein Passagierschiff torpedierte und Tausende von Deutschen an Bord tötete.

Richard Overy

Barbarisch, aber sinnvoll

Mythen und Missverständnisse prägen das Bild des Bombenkrieges der Alliierten gegen Deutschland in den Jahren 1940 bis 1945. Nach Kriegsende wurde zwar diskutiert, wie effektiv der Bombeneinsatz war – aber nicht, ob es richtig oder falsch war, Städte zu bombardieren. Lange blieb die Frage unbeantwortet, welches Leid die Bombardements tatsächlich über die deutsche Zivilbevölkerung gebracht haben.

Das Schweigen ist nun gebrochen worden. Der Historiker Jörg Friedrich hat ein viel beachtetes Buch geschrieben, das als erste umfassende Darstellung eines langen Krieges gegen deutsche Zivilisten angepriesen wird. Schon Friedrichs Sprache zeigt die tiefe moralische Entrüstung. Bombenangriffe werden als «Massaker» beschrieben, die Kriegsabsichten der Alliierten als vorsätzlicher Massenmord an der deutschen Bevölkerung. Seine schärfste Kritik richtet sich gegen die britische Strategie, mit Tausenden kleinen Brandbomben riesige Feuer zu entfachen. Die Bombardements hätten einen Scheiterhaufen aus deutschen Städten und ihren Kulturgütern gemacht – «die größte Bücherverbrennung aller Zeiten», wie Friedrich in Anspielung auf die Bücherverbrennung der Nazis 1933 schreibt.

Friedrich greift vor allem den britischen Kriegspremier Winston Churchill an. Ihm wirft er vor, seit dem Ende des Ersten Weltkriegs die Idee eines vernichtenden Schlages gegen die deutsche Bevölkerung mit sich herumgetragen zu haben – und im Zweiten Weltkrieg dann die Royal Air Force zum Bombardement der Städte gedrängt zu haben. Churchill ist Großbritanniens Kriegsheld. Aber war er auch ein Kriegsverbrecher, der ohne zwingenden Grund die Traditionen und Regeln zur Zähmung des Krieges missachtete?

In der modernen Welt ist die Sensibilität für Fragen der Kriegführung gestiegen. Entscheidend aber ist die historische Situation. Die Bedingungen 1940 waren völlig andere als heute. Der Einsatz von Bomben stellte sich als grausam und uneffektiv heraus, weshalb alle Staaten in den dreißiger Jahren davon ausgingen, der nächste Krieg würde ein «totaler Krieg» sein. Es war US-Präsident Franklin Roosevelt, nicht Churchill, der die Bomben damit rechtfertigte, dass die einzige Verteidigung gegen nackte Gewalt nackte Gewalt sei.

Beide Staaten, Großbritannien und die USA, machten sich einen moralischen Relativismus zu Eigen: Wenn Deutschland Zivilisten aus der Luft angriff, dann würden sie es auch tun. Die Zerstörung Warschaus und Rotterdams durch die Deutschen wurde im Westen als klares Signal verstanden, dass Deutschland nicht die Absicht hatte, irgendwelche Rücksichten zu nehmen. «The Blitz» – der Luftkrieg gegen Großbritannien – tötete 1940 und 1941 etwa 40 000 Zivilisten, was wahrscheinlich die höchste Zahl ziviler Kriegsopfer in Europa bei einer einzigen Operation seit dem 17. Jahrhundert war. Für den Westen war es der letzte Beweis, dass Gleiches mit Gleichem beantwortet werden müsse. Als Alternative wäre nur geblieben, die andere Wange hinzuhalten. Aus der Situation eines Krieges, in dem es ums Überleben ging, lässt sich leicht erklären, warum sich Deutschlands Kriegsgegner nicht dafür entschieden.

Der Kern von Friedrichs Argumentation ist, dass Bombenkrieg militärisch sinnlos war. Ein strategisches Fiasko, das die Alliierten viele Flugzeuge und Soldaten gekostet – und dabei weder die deutsche Wirtschaftskraft gebrochen noch die deutsche Bevölkerung demoralisiert habe. Aus dieser Perspektive lässt sich der Bombenkrieg als mörderische Kampagne zur Vertreibung oder Vernichtung der Stadtbevölkerung betrachten. Nur sind Friedrichs Annahmen schlicht falsch.

Ohne Frage waren die Bomberflotten ein stumpfes, wenig präzises Instrument. Auch hätten die Planer der Alliierten sorgfältiger über ihre Ziele nachdenken sollen. Dennoch wurden die deutschen

Kriegsanstrengungen durch die Bomben massiv beeinträchtigt. Im Laufe des Krieges wurden den Truppen an der Front Flugzeuge und Luftabwehrwaffen entzogen. Ende 1943 wurden zwei Drittel der deutschen Kampfflugzeuge in Deutschland eingesetzt, im Herbst 1944 waren es über 80 Prozent. Als die Schlagkraft der alliierten Luftflotten stieg, sank die deutsche Produktion an Bombenflugzeugen, die sich als wesentlich für den Erfolg der Wehrmacht am Boden erwiesen hatte.

Der Bombenkrieg drosselte zudem die Versorgung deutscher Bodentruppen mit Material aller Art. Ein Drittel der Artillerie wurde für die Luftverteidigung benötigt, ebenso ein Fünftel aller Granaten sowie die Hälfte der elektrotechnischen Produktion. Der Effekt der britischen und amerikanischen Bomben auf die Produktion addierte sich – es war eine endlose Kette kleiner Störungen im Fluss der Komponenten oder bei der Lieferung fertiger Waffen. Hinzu kam 1944 der Verlust von etwa einem Drittel der Produktion von Panzern, Flugzeugen und Lastwagen. Die Fertigung konnte zwar durch Evakuierung und Verteilung fortgesetzt werden, aber dadurch sank die Effizienz, und Millionen Menschen mussten die Gebiete verlassen, in denen ihre Arbeitskraft gebraucht wurde. Es gibt keine zuverlässigen Schätzungen über die gesamten Folgen des Bombenkrieges für die deutsche Kriegsmaschinerie, aber 1944 erreichte wohl nur noch die Hälfte des zur Kriegführung benötigten Materials die Truppen.

Natürlich trifft Friedrichs Argument zu, dass die deutsche Kriegsproduktion bis 1944 gestiegen sei. Aber das ist eine statistische Illusion. Im letzten Jahr stützte sich die Industrie auf Improvisation, die Plünderung von Lagerbeständen und die immer grausamere Ausbeutung von Zwangsarbeitern und KZ-Häftlingen.

Man muss sich vorstellen, wie die deutsche Kriegsindustrie ohne die Bombardements ausgesehen hätte. Sie hätte weit mehr produzieren können. Deutschland hätte länger Widerstand leisten können. Ein mögliches Ergebnis wäre ein neuer Stellungskrieg gewesen. Eine Pattsituation, in der Deutschland zwar nicht gewinnen, aber in der es auch nicht besiegt werden kann von den erschöpften Sowjetarmeen und den westlichen Staaten, die nicht bereit sind, länger hohe Verluste hinzunehmen. Um den Krieg zu beenden, hätten sich die USA dann möglicherweise zum Einsatz von Atombomben auf München oder Berlin entschlossen.

Weder Großbritannien noch die Vereinigten Staaten hatten den Zweck der Bombardements aus dem Blick verloren. Ihr vorrangiges Ziel war es, einen Sieg ihrer Landstreitkräfte innerhalb einer Zeit und mit Verlusten zu ermöglichen, die die Bevölkerung ihrer Länder akzeptieren konnte. Dieses Ziel wurde erreicht, wenn auch mit dem massiven Verlust an Menschen und Kulturgütern, den Friedrich so plastisch beschreibt.

Die größte Fehleinschätzung vieler Militärs war die Erwartung, dass der Bombenkrieg eine politische Krise im Land des Gegners und damit ein Ende der Kämpfe herbeiführen würde. Zweifellos fühlten sich viele Deutsche elend und demoralisiert, aber sie waren – wie Friedrich schreibt – mehr daran interessiert, Reisen zu ihren durch Kriegsfolgen zerstreuten Verwandten zu organisieren als eine Revolution. Vor allem aber waren die meisten Deutschen während der ganz überwiegenden Zeit keinen Luftangriffen ausgesetzt. Der Albtraum des Bombenkrieges traf ausgewählte Städte und dort überwiegend die Arbeiterviertel. Der Rest Deutschlands, wo die übrigen 50 Millionen lebten, wurde nur eher zufällig und selten getroffen.

Es gab viele Gründe für die Entschlossenheit der Amerikaner und Briten, die Bombardements fortzusetzen. Unter anderem ging es darum, die Sowjetunion im Krieg zu halten. Der Sieg war eine unbedingte Notwendigkeit. Dies führte dazu, dass die Luftstreitkräfte Dinge getan haben, die ein Heer niemals tun würde. Montgomery wäre nie in Hamburg einmarschiert und hätte seinen Soldaten befohlen, 40 000 Männer, Frauen und Kinder abzuschlachten. Auf beiden Seiten schuf die Bombenwaffe eine besondere Moral.

Der Einsatz von Bomben machte den Krieg barbarischer; nach wie vor ist er eine barbarische Strategie. Aber es war weder vorsätzlicher Massenmord noch ein Massaker. Niemals ging es um Terror als Selbstzweck, auch wenn die Folgen zweifellos schrecklich waren. Die Bomben haben die deutsche Wirtschaft nicht zerstört, aber Deutschland daran gehindert, zu einer unbesiegbaren Supermacht zu werden. Sie haben den Durchhaltewillen der Bevölkerung nicht gebrochen, aber doch der Mobilisierung im Lande selbst Grenzen gesetzt. Aus der

Sicht des 21. Jahrhunderts mag dies als unzureichende Rechtfertigung erscheinen – 1945 schien die völlige Niederwerfung von Hitlers Deutschland Rechtfertigung genug zu sein, um bis zum Äußersten zu gehen.

Über die Autoren

Correlli Barnett, geboren 1927, war von 1977 bis 1995 Keeper des Churchill Archives Center und Fellow des Churchill College in Cambridge. Zahlreiche Publikationen zur Geschichte des Zweiten Weltkrieges, zuletzt u. a.: «The Great War» (2003).

Ralph Bollmann, geboren 1969, ist Ressortleiter Inland der «Tageszeitung» in Berlin.

Horst Boog, geboren 1928, war wissenschaftlicher Direktor des Militärgeschichtlichen Forschungsamtes in Freiburg. Zahlreiche Publikationen zu militärgeschichtlichen Themen, u.a. «Das Deutsche Reich in der Defensive. Strategischer Luftkrieg in Europa, Krieg im Westen und in Ostasien 1943–1945 (2001).

Mark Connelly, geboren 1970, ist *Senior Lecturer in British History* an der University of Kent, Canterbury. Zuletzt erschien: «Reaching for the Stars: A new interpretation of Bomber Command in the Second World» War (2001).

Ralph Giordano, geboren 1923 in Hamburg. Weil seine Mutter Jüdin war, fiel die Familie unter die NS-Rassengesetze. Es folgten Flucht in die Illegalität und Befreiung durch die Briten am 4. Mai 1945 in Hamburg. Danach Journalist, Fernsehdokumentarist und Schriftsteller. Autor zahlreicher Bestseller, zuletzt u. a.: «Die Traditionslüge. Vom Kriegerkult in der Bundeswehr» (2000).

Lothar Kettenacker, geboren 1939, ist stellvertretender Direktor des Deutschen Historischen Instituts London und apl. Professor für Neueste Geschichte an der Universität Frankfurt am Main. Zuletzt erschienen: «Krieg zur Friedenssicherung. Die britische Deutschlandplanung 1939–45» (1989) und «Germany since 1945» (1997).

Hans Mommsen, geboren 1930, ist em. Professor für Neuere Geschichte an der Universität Bochum. Zahlreiche Veröffentlichungen zur Geschichte des 20. Jahrhunderts. Zuletzt erschien u. a.: «Alternative zu Hitler. Studien zur Geschichte des deutschen Widerstandes» (2000).

Richard Overy, geboren 1947, ist Professor für Neuere Geschichte am King's College, London. Zahlreiche Publikationen über den Zweiten Weltkrieg. Zuletzt erschienen: «Verhöre. Die NS-Elite in den Händen der Alliierten 1945» (2002) und «Die Wurzeln des Sieges. Warum die Alliierten den Zweiten Weltkrieg gewannen» (rororo 61314, 2002). Bei Rowohlt erscheint im Herbst 2003: «Russlands Krieg 1941».

Peter Schneider, geboren 1940, lebt seit 1961 als freier Schriftsteller in Berlin. Zuletzt erschienen: «Und wenn wir nur eine Stunde gewinnen ...» (Rowohlt Berlin, 2001) und «Das Fest der Missverständnisse (Rowohlt Paperback, 2003).

Heribert Seifert, geboren 1948, arbeitet als freier Journalist mit Schwerpunkt Kultur und Medien.

Wolfgang Sofsky, geboren 1952, ist freier Autor und Professor für Soziologie und lehrte an den Universitäten Göttingen und Erfurt. 1993 erhielt er den Geschwister-Scholl-Preis für «Die Ordnung des Terrors. Das Konzentrationslager» Zuletzt erschien u. a.: «Zeiten des Schreckens» (2002).

Nicholas Stargardt, geboren 1962, lehrt neuere Geschichte am Magdalen College, Oxford University. Publikationen u. a.: The German Idea of Militarism: Radical and Socialist Critics, 1866–1914 (Cambridge, 1994) Zuletzt auf Deutsch erschienen: «Der deutsche Zusammenbruch von 1945 als Kindheitserfahrung», in: Dietrich Papenfuss and Wolfgang Schieder (Hg.), Deutsche Umbrüche im 20. Jahrhundert (Köln 2000). 2004 erscheint sein Buch «Witnesses of War. The Third Reich Through Childrens Eyes» bei Cape (London).

Cora Stephan, geboren 1950, ist Publizistin und Schriftstellerin. Veröffentlichungen u. a.: «Der Betroffenheitskult» (1993), «Neue deutsche Etikette» (1995) und «Das Handwerk des Krieges» (1998), alle bei Rowohlt.Berlin erschienen.

Joachim Trenkner, geboren 1935, leitete bis 2000 die Abteilung Politik (Fernsehen) beim Sender Freies Berlin. Jetzt Korrespondent der polnischen Wochenzeitung «Tygodnik Powszechny».

Volker Ullrich, geboren 1943, leitet das Ressort «Politisches Buch» der «Zeit». Zuletzt erschienen u. a. «Die nervöse Großmacht 1871–1918. Aufstieg und Untergang des deutschen Kaiserreichs» (1997) und «Bismarck» (Rowohlt monographien, 1998).

Martin Walser, geboren 1927. Teilnahme am Zweiten Weltkrieg zunächst als Flakhelfer, danach im Arbeits- und Wehrdienst. Seit 1957 lebt er als freier Schriftsteller am Bodensee. Zuletzt erschien u. a.: «Tod eines Kritikers» (2002).

Peter Wapnewski, geboren 1922, ist em. Professor für Germanistik und Gründungsrektor des Wissenschaftskollegs zu Berlin. Zuletzt erschien u. a.: «Der traurige Gott. Richard Wagner in seinen Helden» (2001).

Hans-Ulrich Wehler, geboren 1931, ist em. Professor für Allgemeine Geschichte an der Universität Bielefeld. Zuletzt erschien u. a.: «Umbruch und Kontinuität. Essays zum 20. Jahrhundert» (2000).

Willi Winkler, geboren 1957, ist Journalist und gelegentlich Autor. Zuletzt erschienen: «Bob Dylan» (2001), «Kino» (2002), und «Mick Jagger und die Rolling Stones» (Rowohlt 2002).

Textnachweise

Joachim Trenkner, *Wielun, 1.9.39: «Keine besondere Feindbeobachtung»*: Zuerst erschienen unter dem Titel «Ziel vernichtet» in der «Zeit» vom 6. 2. 03

Richard Overy, *Die alliierte Bombenstrategie als Ausdruck des «totalen Krieges»* : Bisher unveröffentlichte, leicht gekürzte Fassung eines Vortrages, den der Autor auf der Konferenz «A World at Total War» im August 2001 in Hamburg gehalten hat. Deutsch von Hainer Kober. Erscheint in einem Sammelband bei Cambridge University Press, hg. von Roger Chickering, Stig Förster und Bernd Greiner

Lothar Kettenacker, *Churchills Dilemma*: Erweiterte Fassung eines Beitrags, der unter dem Titel «Wollen sich die Deutschen etwa als Opfer sehen?» in der «Zeit» vom 19. 12. 2002 erschienen ist

Nicholas Stargardt, *Opfer der Bomben und der Vergeltung*: Originalbeitrag. Deutsch von Olaf Roth

Mark Connelly, *Die britische Öffentlichkeit, die Presse und der Luftkrieg gegen Deutschland*: Gekürzte Fassung eines Artikels, der unter dem Titel «The British People, the Press and the Strategic Air Campaign against Germany, 1939-45» in *Contemporary British History*, Vol. 16, No. 2 (Summer 2002), S. 39–58 erschienen ist. Abdruck mit freundlicher Genehmigung von Frank Cass Publishers, London. Deutsch von Heiner Kober

Cora Stephan, *Wie man eine Stadt anzündet*: Zuerst erschienen in der «Welt» vom 23. 11. 02

Willi Winkler, *Nun singen sie wieder*: Gekürzt erschienen in der «Süddeutschen Zeitung» vom 27. 11. 02

Volker Ullrich, *Weltuntergang kann nicht schlimmer sein:* Zuerst erschienen in der «Zeit» vom 28. 11. 02

Peter Wapnewski, *Bomben auf die Reichshauptstadt 1943/44*: Erweiterte Fassung eines Artikels, der unter dem Titel «Churchill, vom Bunker aus gesehen» in der «Frankfurter Allgemeinen Zeitung» vom 3.12.02 erschienen ist

Wolfgang Sofsky, *Die halbierte Erinnerung*: Zuerst erschienen in der «Süddeutschen Zeitung» vom 5.12.02

Martin Walser, *Bombenkrieg als Epos*: Zuerst erschienen im «Focus» vom 9.12.02

Horst Boog, *Kolossalgemälde des Schreckens*: Überarbeitete Fassung eines Artikels, der in der «Frankfurter Allgemeinen Zeitung» vom 10.12.02 erschienen ist

Ralph Bollmann, *Im Dickicht der Aufrechnung:* Zuerst erschienen in der «Tageszeitung» vom 10.12.02

Hans-Ulrich Wehler, *Wer Wind sät, wird Sturm ernten*: Zuerst erschienen unter dem Titel «Der Weltuntergang kann nicht schlimmer sein» in der «Süddeutschen Zeitung» vom 14.12.02

Hans Mommsen, *Moralisch, strategisch, zerstörerisch*: Zuerst erschienen in der «Frankfurter Rundschau» vom 23.12.02

Heribert Seifert, *Rekonstruktion statt Richtspruch*: Zuerst erschienen in der «Neuen Zürcher Zeitung» vom 5.1.03

Peter Schneider, *Deutsche als Opfer?*: Erweiterte Fassung eines Artikels, der unter dem Titel «In Their Side of World War II, The Germans Also Suffered» in der «New York Times» vom 18.1.03 erschienen ist

Ralph Giordano, *Ein Volk von Opfern?:* Zuerst erschienen in der «Jüdischen Allgemeinen» vom 15.1.03

Corelli Barnett, *Die Bombardierung Deutschlands war kein Kriegsverbrechen*: Zuerst erschienen unter dem Titel «Bombing of Germany Not a War Crime» in der «Daily Mail» vom 20.11.2002. Deutsch von Olaf Roth

Briten «bombardieren gezielt die Zivilbevölkerung»: Zuerst erschienen unter dem Titel «British ‹deliberately Terror-bombed Civilians›» in «The Times» vom 19.11.02. Autor: Roger Boyes. Deutsch von Sabine Schulte.

Die Deutschen nennen Churchill einen Kriegsverbrecher: Zuerst unter dem Titel «Germans call Churchill a War Criminal» erschienen im «Daily Telegraph» vom 19.11.02. Autorin: Kate Connolly. Deutsch von Sabine Schulte.

Richard Overy, *Barbarisch, aber sinnvoll*: Zuerst erschienen im «Stern» vom 18.12.02